早稲田大学名誉教授
加藤諦三
Taizo Kato

それでも幸せな人、不幸な人

三笠書房

はじめに——**幸福は、もたらされるものではなく手に入れるもの**

今から一世紀も前に、カナダのジャーナリスト・作家のハーバート・カーソンという人が書いた運についての興味ある本[1]がある。「幸運を呼び寄せるための十三の知恵」とでも言うべき本である。その十三の知恵のうち、第二の知恵が「見つけ出す」である。「なぜうまくいかないのか?」の理由を見つけ出すことで今度は運が回ってくると言うのである。

著者はすべてのことには理由があると言う。ニュートンはリンゴが木から落ちたときに「これには理由がなければならない」と知っていた。これがトップに立つ人たちの資質であると言う。

カーソンは本のはじめの部分で、一九二七年の最も幸運な人はリンドバーグだと書いている。

そしてリンドバーグとはどういう人であったかと言うと、飛行機の操縦技術のエキスパートであり、恐れを知らない人であり、危険に際して冷静さを失わない人であり、一つのことしか頭にない人であり、飛ぶことしか考えていなかった。彼はチャンスを見のがさず、自分以外のものに頼らない人であった。それが幸運なリンドバーグである。

つまり、幸運が大西洋を横断させたのではないということである。

リンドバーグはいっぺんに航空技術のエキスパートになったわけではない。段階を追ってエキスパートになったのである。避けて通れないことを通ってエキスパートになったのである。

アメリカにいたときに、ＡＢＣニュースが「幸福の神秘」と題する特集番組を放映した。私には大変興味のある特集番組であった。

もちろん何が幸せかは誰にもなかなかわからない。

宝くじを当てた人をインタビューしているところが出てきた。しかし皆幸せにはなっていない。だいたいその顔が幸せな顔ではない。そしてニュース・キャスターが宝くじを当てた人の調査でわかったこととして次のように述べていた。

「当たってから一年後には当たる前よりも幸せではない」

ある人は、当たったときはしばらく夢のようだったと言う。しかし奥さんと離婚し、次の奥さんとの結婚に大金をかけ、それも五年続かなかった。

ある人は感覚がマヒしたと言う。そしてその人も宝くじに当たってから二年後に離婚している。


自分の実力によるものではない大金を持ち、心が変わり、今までの人間関係が次々と壊れていく。結婚生活は破綻し、親友は去っていく。

何かの幸運があると人は自分の位置がわからなくなる。だから幸運は最終的には「それでも不幸」をもたらすことが多いのである。

ジャンボ宝くじに十年間続けて当たっても「それでも不幸な人」になる。

逆に幸せな人は溝に落ちても幸せである。幸運に飛びつく人は間違いなく地獄にいく。

地道な努力をする習慣を身につければ、運は必ず強くなる。

強い運を期待するなら生活習慣を直す。つまり自分の生きる姿勢という基礎から直そうとする。自分の日常の生活から直していこうとする。そうした地に足をつけた生き方で運は必ず強くなる。

カーソンは「幸運な人」ばかりとつきあったと言う。そしてその人々が幸運なのにはすべてきちんとした理由があったと言う。世の中の人が幸運と言っているものは、この世にないと言う。

カーソンは運命を信じる人は、なまけ者で愚か者であると言う。運命を信じる人々は自らのベストを尽くすことをしないための言い訳として運命を信じるのだと言う。座って不運を嘆いている人は、幸運が自分を見つけるべきだと考えて、自分が幸運を見つけるべきだとは考えていない。

人知れず苦労をしていない人は、すぐに物事を幸運とか不運とかでかたづけてしまう。しかし幸運と見えても、うまく事を運ぶには陰でそれなりの長い努力や苦労がいる。人の幸運を妬んでいる人は、たいてい人知れず苦労をしたことのない人である。

「人生の消耗に耐えられる人は、幸運な人である」とカーソンは言う。困難のない人生などない。

悩んでいる人は、計画を立てるときに、即効性のある計画を立てようとする。

三十年後に幸せになっている人は「昨日よりは今日、今日よりは明日」という生き方を三十年する人である。

夢が叶うのは、三十年間、毎日十円貯める人である。三十年間、毎日花に水をあげ続ける人である。三十年間、毎日草を抜く人である。

昨日十歩で、今日はゼロという人よりも、毎日一歩という人が力を持つ。

悩んでいる人は実際に何もしないでただ悩むだけで何日をすごしたか。実際に何かをしたのは何日か。

「悩んでいる人と幸せな人と違っているのは能力ではない。悩むだけで何もしないで終わった日の日数である」とカーソンは言う。

「あの人は運が強い」と人をうらやむ人は、物事には段階があるということを認めない。いっぺんにエキスパートになろうとする。そしてなれないと自分は運が悪いと言う。

「することが見つからない」と悩む人は小さなことを一つひとつ地味にしていく努力をしない。楽をして偉大になろうとしている。「運が悪い」と嘆いている人は自分の生き方という基本を反省しない。

「それでも幸福な人」は時間をかけて万里の長城を築くみたいに、生きる。

加藤諦三

もくじ

第1章

幸せな人は「不幸を受け入れられる人」

――人生の悩みは、幸せへの道しるべ

第2章

「小さな幸せ」をつかむ人、取りこぼす人

――足元にあることに気づいているか？

第3章 なぜ「ありのままの自分」でいられないのか？

——周囲の期待、理想の自分像に振り回されない

第4章
「それでも」幸せな人になるためのレッスン
――やはり自信が持てない、でも大丈夫

本文ＤＴＰ／株式会社Ｓｕｎ　Ｆｕｅｒｚａ

第1章

幸せな人は「不幸を受け入れられる人」

人生の悩みは、幸せへの道しるべ

「不幸を受け入れる」ことこそ幸せの条件

「すべての悩みがなくなるような力を求めてはいけません」と古代ギリシアの哲学者エピクロスは言っている。

この言葉はアメリカの心理学者シーベリーの「不幸を受け入れる」ということと同じ内容を別の言葉で表現している。

矛盾した存在である人間として生まれて、すべての悩みがなくなるようなことはない。人間として生まれた以上、残念ながら棺桶のふたが閉まるまで悩みはなくならない。

もしすべての望みが叶って、すべての悩みがなくなることがあるとすれば、そのとき、その人は多くの人の恨みを買っているときである。

つまりものすごい「見えない心の借金」を背負ったときである。そのツケは必ず払わなければ死んでいかれない。

多くの周りの人の恨みを買って、自分一人が幸せに死んでいかれることはない。

自分のすべての望みが叶って、自分の悩みがなくなるときは、周りの人は我慢をさせられたときである。そのツケは必ずくる。

自分のわがままが通ってすべての望みが叶ったときというのは、十年後にものすごい不幸を呼び寄せたときである。ものすごい不幸の種をまいたときには、それに気がつかない。

十年後、二十年後にはものすごい不幸に成長している。もう一度、言う。そのツケは必ず回ってくる。

つまり自分が得意になって何かをしているときに、人から恨みを買っていることがあるということである。

得意になってはいけない。何か物事がうまくいっているからといって、いい気になってはいけない。そのときに人から恨みを買っている。

多くの場合、人は得意絶頂のときに墓穴を掘っている。

それをよく表している格言が「英雄末路哀れなり」である。自分のすべての望みが叶っているときが、崖から転がり落ちているときである。本人がそれに気がついていないだけである。

だから「不幸を受け入れる」ことなく、「すべての悩みがなくなるような力」を求めてはいけない。すべての悩みがなくなったときには、じつは知らない間にデッドエンド近くにきている。

そう考えると「不幸を受け入れる」ことは、人間として生まれて最も幸せな生き方なのである。

幸福と不幸はセットになっている

ではなぜ人は、すべての悩みが解決することを求めるのか？　それはすでにその時点で、その人の心の底に憎しみがあるからである。

ほとんどの人は、人間として生まれた以上、必ず悩みはあるとわかっている。「すべての悩みがなくなるような力」などないと知っている。

それにもかかわらず「すべての悩みがなくなるような力」を求める。それは「ない」とわかりながら、それを求める。

悩んでいる人は、その悩みを完全に、かつただちに、そしていとも簡単に解決できる方法を求めている。

なぜ簡単に解決できる方法を求めるのか。

一つは、そういう人たちは退行欲求が激しいから、何事もすぐに結果を求める。時間をかけて物事を成就する心の姿勢がない。母親から愛される幼児のように、極端なまでに完全な愛を求める。

人間が成長の過程で味わう苦しみは無限に重い。その重さからその愛によって永久に解放されようと望む。愛されようとする心とは、その未熟なるものを未熟なるままで残しておこうという楽な生き方の選択なのである。

要するに簡単に言えば、そういう人は幼児的願望が満たされていない。つまり心理的にはまだ幼児と同じである。

次には、生きるエネルギーがもうすでに消耗され尽くしているからである。

そこで現実にある解決方法を拒否してしまう。「ない」ものばかりを求めていて、目の前にある解決を無視する。その解決は「すべての悩みがなくなる」方法ではないからである。

そういう人たちは、結婚していて夫が嫌いになった、好きな人ができた。そこで「離婚したいけど傷つくのは嫌だ」という人のようなものである。

子どもにも親にも夫にも皆に祝福されて離婚をしたい。それが「すべての悩みがなくなるような力」を求めている人である。

現実に物事を解決するには時間とエネルギーがいる。さらに、具体的な解決とは、ある不幸とある幸せを一緒にしてセットで選択することである。

幸せと不幸、プラスとマイナスはセットになっている。

悩む人のほとんどは「愛」を求めている

悩んでいる人が、本気で解決を求めていないのはなぜか？

それは、解決するということは現実に直面することだからである。解決するためには避けて通れない嫌なことがたくさんある。

その嫌なことを避けて通ろうとするから、現実の解決は見つからないのである。

悩みを訴えている人は、多くの場合、愛を求めているだけで、解決を目的にしていない。悩んでいる人の相談は、ほとんど愛を求める口実に過ぎない。

だからいつまでたっても悩みは解決しない。悩んでいる人を見ていると、いつまでもできないことにかかずらっている。

だらだらだらだらと「あーでもない、こうでもない」と延々と言い続ける。周りの人は嫌気がさす。

心理的に健康な人の悩みは解決することを求めている。したがって不幸を受け入れている。ここが神経症的苦しみで悩んでいる人とは違う。

悩んでいる人は「夫婦関係がうまくいっていません。どうしたら幸せになれるか教えてください」と言うようなものである。

関係改善の努力もしないし、離婚をする気もない。仲良くする工夫もしないし、別れる気もない。両方とも、ある不幸を受け入れなければならないからである。時間とエネルギーがいる。

わかりやすい例で説明すると、悩んでいる人が「頭が痛い、痛い」と言っている。それでは「頭痛を治しにお医者さんにいこう」と言う。しかし病院にはいかない。でも引き続き「頭が痛い、痛い」と言い続ける。

「頭が痛い」というのは「自分は何も努力しないで、このままで救ってくれ」という意味である。

周囲の人は次第に助ける気がなくなる。「勝手にしてくれ」という気になる。

「頭が痛い、痛い。生きるのがつらい」と言い続けるのは、「頭が痛い、痛い」ということを言っているのではない。「生きるのがつらい」と文句を言うことが目的である。頭痛は口実に過ぎない。

頭痛を治すことが目的ではない。「もっと私を大切にして」と言っているのである。「頭が痛い、痛い」と不満を言っていること自体が目的なのである。だから延々と不満を言い続ける。

その延々と不満を言い続けるエネルギーが、愛を求めるエネルギーである。「生きるのがつらい」と文句を言っていることが彼らの救いなのである。「生きるのがつらい」と文句を言うことが、抑圧された敵意の間接的表現である。

自分の中の敵意を、「生きるのがつらい」と言うことで間接的に表現しているに過ぎない。

だから頭痛が治って文句を言うことがなくなれば困る。もし治ってしまえば、またほかに「つらい」と言うことを探すだけである。

なぜ「ないものねだり」がやめられないのか

ある接骨師から聞いた。

十の痛みのうち二を取ってあげる。そのときに「二を取ってくれた。ありがとうございました」と言う人と、「八の痛みが取れない」と文句を言う人がいるという。前者が楽天的な人であり、後者が悲観的な人である。

いろいろと恵まれていても「もっと恵まれた環境、もっと恵まれた環境」と、きりがないほど望む人がいる。

そうした欲張りな人は悲観主義者になる。どんなにいろいろな面白いことができても、それで満足しない。

自分の人生で「こんなことができる」と思わないで、「こんなことができない」と嘆く。

やろうとすればいろいろなことができるのに、今の自分にはできないことを望み、「こんなこともできない」と不満になる。

こうして悩んでいる人たちは、何かをしていて「やっとここまでできた」と思えない。「あそこまでできなかった」と不満になる。

どうしてもできないでいることのほうに自分の注意が集中してしまう。どんなにいろいろなことができてもそれでは満足しないで、「もっと、もっとしたい」と不満になる。すべて自分にとってよくなければ気が済まない。全部がよくなければ、気が済まない。陽《ひ》が当たらないのが我慢できない。

私はこれを「神経症的欲張り」と言っている。

すべての悩みがなくなることを求めている人である。不幸を受け入れられない人である。

神経症的欲張りとは強迫的になっている人のことである。欲張りになるまいと思っても、欲張りにならないではいられない。

「ここまでできた」と思おうと努力しても、どうしても「あそこまでできない」と感じてしまう。

そういう人は心の底に意識しない不満がある。愛情飢餓感が強い。

努力すればするほど不幸になる人

不安と向上心とは違う。

向上心からの努力は人を救うが、不安からの努力は人をさらに不安にする。

神経症的欲張りは不安なのである。努力していても、それは向上心からの努力ではない。不安を動機とした努力である。

したがって努力すれば努力するほどますます不安になる。どんなに努力しても幸せな日はこない。

「名声に対する健全な努力と神経症的名声追求の努力の違いは自発的か強迫的かにある。努力しないではいられないという努力は、向上心からの努力ではない」[1]とドイツの心理学者カレン・ホーナイは言う。

理想とか完全を求める動機には二つある。

アメリカの心理学者マズローの言葉を借りれば、一つは成長動機、もう一つは欠乏動機である。

わかりやすく簡単に言えば、前者は不安や劣等感から、後者は愛情からである。

あることをするときに、劣等感が動機でするのと愛情が動機でするのとではまったく違う。

深刻な劣等感が動機で理想とか完全を求めるのは、自分の劣等感を癒すためである。人を見返すためである。人に復讐するためである。

こういう人にとって大切なのは、自分の劣等感を癒すことである。だからこういう人は現実を受け入れられない。不幸を受け入れられない。

不幸はしつこいと言うが、深刻な劣等感のある人にしつこいのである。どんなに環境が変わっても不幸な人は、不幸なままである。

幸せになるためには、努力すればいいというものではない。幸せになれるか、なれないかの問題は、努力の動機にある。

楽観主義者の一日、悲観主義者の一日

楽観主義者は「今日はこんなことができた、よかったなあ」と思う。悲観主義者は「あ～あ、今日は、あれができなかったなあ」と思う。

楽観主義者は「今日は散歩ができた、ありがたいなあ」と思う。悲観主義者は「今日は散歩ができたが、柔軟体操ができなかったなあ」と思う。

実際には「こんなことがたくさんできていた」にもかかわらず、今日という日にも自分自身にも不満になる。

試験で六十点を取った。「六十点取れただけいいんじゃない」と考えられる人と、「九十点取れなかった」と嘆く人といる。

どう違うのか。ベースが満足している人と、ベースが不満な人の違いである。

恋人と会った。でも忙しくて、あるいは風邪気味で、すぐに別れなければならなかった。「会えただけいいじゃない、食事ができなくても」と思う人と、「食事もできないでなんのために会ったのかわからない」と不満になる人といる。

不満になる人が「会えただけいいじゃない」と考えられないのはなぜか？

それは生きているベースが不満だからである。本人が意識していない心の底に憎しみがある。それだけ不満になるのは、それまで小さい頃から楽しみがなかったということでもある。

そういう人はお金での楽しみしか、楽しみ方を知らない。人とふれあう安らぎを体験しないで生きてきた。

ふれあわなければ人間はエネルギーが出ない。悲観主義者が健康になれないのもわかる。いつも心の核心が不満だから、体にもいいわけがない。

悩みを〝顕微鏡〟で見てはいけない

こうした悲観主義者の大きな問題は、いつも否定的な結果に注意を向けていることである。

否定的なことにばかりに注意を向けることで、その人の中で否定的なことがものすごい重要なことになってしまう。

失ったお金のことばかり考えている人は、その失ったお金こそ自分の人生の幸せのもとと考えるようになる。そのお金がなければ「私は幸せになれない」と思えてきてしまう。

執着の強い人はトラブルに弱い。

よく「持っているものを数えよ、持っていないものを数えるな」と言う。それが幸せへの道であるという。

それは多くの人がわかっている。執着性格者もわかっている。

しかし執着性格者は失ったものに執着するから、どうしても持っていないものを数えてしまう。数えまいと思っても数えてしまう。そして失ったものに気を奪われる。失ったものに心を占領される。

それ以外のことは考えられない。それが執着である。

また執着の強い人は、起きたトラブルに気を奪われる。小さなトラブルでも、とにかくトラブルが起きるとそのトラブルに気を奪われてしまう。そして気が滅入ってしまう。

今、自分が持っているもの、自分が恵まれているところに意識がいけば、今、直面しているトラブルから解放されるときもある。あるいは今のトラブルが小さく感じられることもある。しかし失ったものに気を奪われるということは、心がトラブルに占領されるということである。

過去に本当に楽しい体験をしていれば、その楽しいときの写真でも見れば、「ああ、あのときは楽しかったなあ」と思う。

その楽しかったときの心のゆとりを想像で再体験できる。そして少しは心のゆとりができて、物事を冷静に見られる。

そうすれば悩みを顕微鏡で見るようなことはない。しかしその「ああ、楽しかったなあ」という体験がなければ、楽しかったことを思い出そうにも思い出せない。

「悩みを顕微鏡で見るな！」と言われても、それ以外に現実を見ようがない。

悩みを顕微鏡で見ている人も、好きこのんで顕微鏡で見ているわけではない。裸眼で見られないから見ているのである。

顕微鏡の役割を果たしているのが無意識である。つまり小さい頃から堆積された憎しみである。過去の憎しみを通して今の悩みを見ることが、「悩みを顕微鏡で見ること」ということである。

人は幸せだから「不幸を受け入れる」ことができる。そのことでまた幸せになる。ところが憎しみは憎しみを呼ぶ。幸せでない人は「不幸を受け入れる」ことはできない。逆に今の不幸を強調してしまう。

些細な不幸を顕微鏡で見て、ものすごい不幸だと解釈する。些細な不幸を顕微鏡で見てしまうことで、些細な不幸に過剰反応をする。その過剰反応でさらに不幸になる。

「不幸を受け入れる」ことができない人は、無意識に問題を抱えていると考えていいだろう。

目の前の悩み＝不幸の原因とは限らない

私の知っているある日本人は、アメリカのボストンで詐欺にあった。私自身もボストンで詐欺にあっているので、詐欺にあったこと自体には大きなことを言えないのだが、彼はそこで毎日、毎日、来る日も来る日も、その損をしたお金の額のことを考えていた。

彼はボストンで研究生活ができる幸せには注意を向けなかった。学問の本拠地も彼には関係なくなってしまった。そのうち彼は健康を害した。研究を続けられなくなった。そして悲惨な結末を迎えた。

もし彼が世界一のニューイングランドの紅葉や、美しい山々に囲まれた一面の銀世界に心を向け、本来の自分の仕事である研究をしていれば彼は健康を害さなかったであろうし、失ったお金はそんなに重大なものには感じられなくなっていたであろう。

彼は詐欺にあったから不幸になり、病気になり挫折したと周りの人は言う。

しかしそれよりも、じつは親との関係で抱えていた「心の葛藤」で挫折したと解釈したほうが正しいだろう。

詐欺にあわなくても彼は不幸だった。詐欺は挫折の単なるきっかけである。

私の解釈する限り、彼は小さい頃から父親からいじめられていた。

それにもかかわらず、彼は父親への依存心から抜けきれずに「自分の父親はすばらしい」と思っていた。

彼は無意識で父親のいじめに対する憎しみを持っていた。そして依存心が強いので、憎しみを抱いていることで父親からの処罰を恐れていた。

それは禁じられた憎悪である。

「禁じられた憎悪」をどう克服するか

あとにも述べるが、親をよく思いたいというのは人間の基本的な欲求である。そこで意識では「私の父親はりっぱな父親です」と思っている。しかし無意識では父親を憎んでいる。

この「意識と無意識の乖離《かいり》」が彼の不幸の源である。父親と顔を合わすのは嫌だと言うが、父親に愛されたい。りっぱな息子と思われたい。

もともとベースにこういう心の葛藤があったので、幸せにはなれないパーソナリティーであった。

彼が自分のこの心理過程を意識化できないままで、誰かに「もっと楽天的になりなさい」と言われても「楽天的になること」は無理である。

世の中には、悩みの解決に対するさまざまなすばらしい方法がたくさん説明されている。そういう本もたくさん出版されている。それにもかかわらず、多くの人の悩みは解決しない。

その理由の一つは、現実の問題が解決できないというよりも、悩んでいる人が心に抱えている問題が、そう簡単に解決できないからである。

悩んでいる本当の原因は、目の前で起きた具体的な事柄ではない。

彼の場合には、失ったお金がなくても生活はできた。家は資産家である。彼が解決できなかったのは禁じられた憎悪である。

親から禁じられた内的経験をすることが、親からの自立である。彼はついに親から自立ができなかった。

誰からも理解されなくても生きていける人、自分の足で立っていられる人、一人でいても楽しいと感じられる人、それが最も強い人だ。

そうではなく物に執着するのは、不安だからである。

理由もなく脅えている人の心理

これと同じようなことが世の中にはいくらでもある。

たとえば、悲劇の本当の原因は「親からの隠されたいじめ」であることがある。

それは好意的サディズムである。

あるいは「親子の役割逆転」であり、あるときには恩着せがましさである。絶え間ない価値剥奪も隠されたいじめである。

好意的サディズムをはじめ、隠されたいじめでは、いじめているほうは、自分がいじめていることに気がついていない。いじめられている人も、自分がいじめられているということに気がついていない。

たとえば「あなたさえ幸せなら私はそれでいいの」という好意的サディズムである。

お互いに無意識の世界でいじめが起きている。しかも第三者もまたそれがいじめであると気がついていない。

いじめられているほうも、いじめているほうも、自分のしていることに気がついていない。このいじめこそ最も残酷ないじめである。

そうして自分がいじめられているということに気がついていない人の心の底には、いじめられるたびに憎しみが堆積されていく。

本人がいじめられているということを意識していなくても、無意識の領域では、その代価は払っている。本人が気がついていないだけにいじめは延々と続く。つまり憎しみはどんどん堆積されていく。

堆積された憎しみと同時に、いじめられた人の心の中には恐怖が蓄積されていく。この無意識の恐怖感は、恐ろしいほど人に影響を与える。

理由もなく脅えている人がそうである。無意識の恐怖感に支配されているのである。

そして気づかれないままに積もり積もった憎しみの感情や恐怖感が、自己憎悪となり、楽しむ能力を破壊する。この心理過程は意識されていない。

本人は、自分は楽しむ能力を失っていっているのだということを気づいていない。

友達と遊んでも楽しくない、家族と食事をしても楽しくない、スポーツをしても楽しくない。恐怖感があって何かをしていて楽しいわけがない。

うつ病者などが生きることを楽しめないのは、私はこの無意識の恐怖感であると解釈している。

そうでなければうつ病者の感じ方、認識の仕方等々は解釈できない。

なぜ何をしても、されても腹が立ってしまうのか

いずれにしろ自己憎悪には深刻な劣等感がある。また深刻な恐怖感がある。

だから優越することが唯一の喜びになる。しかしそれは復讐の感覚であって、喜びではあっても幸せではない。

仕事をするのも、遊ぶのも、食事をするのも復讐が動機である。

そうなってくれれば何をしても腹が立つ。自分がすることも人がすることもすべて面白くない。話しかけられても腹が立つし、話しかけられなくても腹が立つ。

ある新聞に、うつ病者が求めているのは「温かい無関心」と載っていた。

まさにこれが何をしても腹が立つという心理状態である。

関心を持たれるとイライラする。わずらわしい。不愉快で払いのけたい。かといって関心を持たれなければ腹が立つし、情けなくなる。関心を持ってくれない相手に怒りが生じる。

これはまさに「どうすることもできない心理状態」である。この「どうすることもできない」という心理状態こそ、心の底に根雪のようになった憎しみの感情の結果である。

この人が恋愛をして幸せであろうか。恋愛をしても腹が立つ。恋人がいなければ寂しいが、恋人ができれば、その恋人に怒りを感じる。

結婚して家族ができても家族が不愉快の種である。家族のすることにいちいち腹が立つ。家族がイライラの原因である。

この心理状態で、日常生活が幸せであるはずがない。そこで目の前の人に怒りの原因を求めたり、日常生活の不都合に怒りの原因を求めたり、いろいろと原因を探す。

しかしそれらは口実で本当の怒りの原因ではない。

本当の怒りの原因は、長年にわたって積み重ねられた、隠されたいじめの結果としての憎しみである。

本人も気がついていない、心の底のものすごい怒りである。それと隠された恐怖感である。

「信じられる人がいるかどうか」で人生は変わる

隠されたいじめは、表面に表れたいじめよりも恐ろしいことがある。

殴るとか蹴っ飛ばすというのは、表面的に表れているいじめである。

「お金を持ってこい」と言うとき、いじめているほうもいじめと意識している。いじめられているほうもいじめられていると意識している。それを知れば周囲の人もいじめと思う。

しかし、親が自己憎悪しているときに起きるいじめはもっと恐ろしい。自己憎悪は外化される。自己憎悪の外化については説明を省くが、内的強制である。

相手に対して「『べき』の暴君」になる。絶えず相手に「こうあるべき」とプレッシャーをかける。

親は子どもに非現実的に高い期待をかける。不可能なことを実現するように子どもにプレッシャーをかける。これはいじめである。

しかしこれは第三者にも隠されている。第三者には教育熱心な親に見える。教育ママと言われる人の中にもいる。世間に対する自分の復讐を、子どもを通してしようとしている人である。

そうしたいじめ環境の中で成長した人の問題点の第一は「母親を信じられない」ということである。

母親を信じられないということは、大人になって誰も信じられないということである。これはまさに人生の悲劇である。

誰も信じられない人には楽しむ能力はない。巨万の富を築いても、楽しいことは何もない。どう生きても幸せではない。信じられる人がいる人と、信じられる人がいない人との違いは、天と地の開きよりも大きい。

問題点の第二は、「根強い隠された恐怖感」である。

親が支配者であるときには、それが母親であれ父親であれ、無力な子どもにとっては大変な恐怖である。

よく「記憶に凍結された恐怖」というと強制収容所の話が出てくる。たしかにそれはものすごい恐怖で半世紀が経っても消えないかもしれない。

しかし消えないという点では、小さい頃から体験している支配的親の恐怖も決して消えるものではない。

それはまさに「記憶に凍結された恐怖」である。

支配的な親は、子どもの心の中に生まれている憎悪と恐怖に気がついていない。

その無意識にある憎悪と恐怖が、その人の日常生活での気持ちを支配する。本人は気づかれないままに支配されている。

いつも不愉快そうな顔をしている人がいる。あんなに恵まれているのに、どうしていつもあんな不機嫌な顔をしているのだろうと周囲の人は思う。

この無意識の憎悪と恐怖に支配されて、本人もどうにもできないのであろう。そういう人は、ほとほと本人自身が自分に嫌気がさしている。

「今あるもの」にどれだけ感謝できるか

「こうしたら幸せになれる」とわかっていても、それを実行できないことがある。それが実行できないのは、それと反対の要求がその人の無意識にあるからである。

逆に「こうしたら不幸せになる」とわかっていても、それを実行しないではいられないことがある。それを実行してしまうのは、「それをしろ」という要求がその人の無意識にあるからである。

よく言われるように、コップの中に半分水が入っているときに「まだ半分ある」と思う人と、「もう半分しかない」と思う人といるという。

コップの中に水が半分入っているときに「半分しかない」と思っていたら、幸せになれないとわかっている。だから幸せになろうとして「半分もある」と思おうとする。

幸せになるために、「半分しかない」と思うのではなく「半分もある」と思おうとしても、やはり「半分しかない」と思ってしまう。そこでどうしても不満になる。

コップに半分水が「ない」ことを受け入れられない人は、つまり不幸を受け入れられない人である。

コップに水が半分「ある」ときに「ない」ほうに注意がいく人は、水だけが問題なのではない。

そういうパーソナリティーなのである。

子どもの成績が望むほどよくないといって不満な親がいる。

そういう親は「子どもがいるから幸せ」と思えない。そう思えれば幸せになれるとわかってもそう思えない。

そういう親は「なぜ、いい成績を取れないのか。ダメだなあ」と、わざとオーバーに子どもの前でため息をつく。

子どもに憎しみがあるから、ため息をついて子どもが傷つくことが嬉しい。それが親である自分の慰めになる。

もちろん本人は子どもへの憎しみを意識していない。

ひどい親になると「わざと悪い成績を取ったのか？」と子どもをいじめる。

最悪のケースは両親が共謀して子どもをいじめる。それは後々までその子の心に傷を残す。

たとえば両親共謀して、家の中で見えるところに財布を置いて、子どもにお金を盗ませるように仕向ける。

そして盗んだ証拠を取って、「お前は悪いことをした」と正義を盾にして子どもをいじめ続ける。

両親は、自分達の夫婦関係の不和から目をそらすために子どもを共同でいじめる。そうなると、子どもをいじめまいとしてもいじめないではいられない。いじめなければ、自分たちの夫婦関係の不和から目をそらせなくなる。

子どもをいじめまいとしてもいじめないではいられないのは、無意識にある夫婦関係の不和のせいである。

無意識に問題を抱えていなければ、子どもが期待したようないい成績でないときに、「子どもが元気に家の手伝いをしてくれる」ことに感謝する。

無意識に問題のある人は、「コップに水が半分ある」と感謝するのではなく、「コップに半分水がない」と文句ばかり言って、嘆き続ける。

今あるものや状態に満足しないで、逆に欠けているものの価値の重要性を強調する。

そういう親に、「子どもが元気でいることの幸せをわかりなさい」と言っても無理である。

無意識に怒りが堆積していない親なら、わざわざそんなことを言われなくても「成績など悪くても、子どもが元気でいることの幸せ」を感じている。

幸せな親だから子どもが元気でいることに注意がいくのであって、子どもが元気でいることに注意がいくから幸せな親になるのではない。

「にもかかわらず」という考え方

感謝の気持ちのない人は、今自分にあるものの価値を否定して、今自分にないものの価値を強調する。

そういう人はいろいろと要求ばかりであるが、要求が通れば通ったで、とたんにその価値を否定する。

つまりそれが「ない」から不満なのではなく、不満だから「ない」ことを問題にしているだけである。

「これがあったらなあ」と言うが、「これ」があったら次にはすぐに「あれがあったらなあ」と言う。

具体的に何かが不満なのではなく、不満という存在が生きているだけである。

うつ病の問題をここで詳説することはしないが、うつ病の感情的特徴の一つに「満足の減少」がある。何をしても満足できない。

うつ病の人に「あなたにはこんなにいいことがある」と言っても意味がない。どんなにたくさんあっても「私には何もない」と言う。

何もないからうつ病になるのではなく、うつ病になるから「私には何もない」と感じるのである。

アメリカの心理学者マズローは、自己実現している人の考え方の特徴は「にもかかわらず」であると言う。

コップに半分しか水がない「にもかかわらず」幸せである。

その「にもかかわらず」という考え方の反対が、うつ病者の考え方の特徴である。

つまり「これがないから私は幸せになれない」のである。

アメリカの精神科医アーロン・ベックが、うつ病者の考え方の特徴として「自分にないものを、自分の幸せにとって本質的なものと考える」ということを挙げている。

そのとおりであろう。うつ病者の大半は客観的に見れば持ちすぎるほど持っている。雇用問題の心配はない。住む家はある。肉体的には問題はない。家族はいる。数えていけばきりがない。

しかし言葉として出てくるのは、つまり主観的には「私には何も残されていない」のである。

自己実現している人に「欲張り」な人はいない

とにかく悩んでいる人は欲張りである。その典型がうつ病者である。つまり幸せにとって大切なのは、客観的に何かを持っているか、持っていないかではなく、欲張りなパーソナリティーであるか、欲張りなパーソナリティーではないかである。

欲張りならコップに半分水がなければ、半分しかないと不満になる。欲張りでなければ、半分もあると満足する。

さらに突き詰めて考えていくと、自己実現している人は欲張りではない。だからコップに半分水がない「にもかかわらず」満足できるのである。

事実としてコップに半分水がないかあるかではなく、欲張りなパーソナリティーであるか、欲張りなパーソナリティーでないかが幸せにとって重要な問題である。

それをさらに突き詰めていくと、欲張りなパーソナリティーというのは、愛情飢餓感が強いということであろう。心の底に怒りを溜め込んでいる。

コップに半分水がないという事実が問題なのではない。コップに半分水がないという事実は、すべての人にとって同じである。

欲張りなパーソナリティーの人にとっても、自己実現している人にとっても、事実は同じである。

しかしコップに半分水がないという事実に対する認識、解釈、感情、考え方が違う。

コップに半分水がないという体験を通して、その人のパーソナリティーの問題が表現されてきているだけである。

問題はコップに半分水がないという事実を通して、その人の何が表現されているかということである。そこを考えないと悩みの本質的解決にはいたらない。

コップに半分水がないと不満になる人の不満の原因は、コップに半分水がないという事実ではなく、心の底に溜まった怒りであり愛情飢餓感である。

自分の心の底の憎しみと愛情飢餓感に気がつき、それを意識に乗せ、それを自分の人格に意識的に統合していかない限り、どんなに恵まれた環境になっても不幸である。

人が、客観的には恵まれているのに悩むのは、愛情欲求のためである。愛情飢餓感があるから悩んでいる。

「成功」という病

アメリカの心理学者セリグマンの著作『うつ病の行動学』(2)によると、多くの学生が抑うつ感を訴えてセリグマンのところにくる。

「人生に意味はない」「ベトナム戦争反対」「黒人と貧民が虐げられている」と彼らは言う。

しかし「実際の抑うつ的気分は、はたしてこれらの個々の事柄で直接に起きたことなのだろうか」(3)とセリグマンは疑問を投げかける。

「彼らがもっとより身近なことの何かについてよくない気持ちを持っており、自分自身とその能力、また日々の生活について芳しい気持ちを持っていないということを意味しているのだと思える。このような実存的な抑うつ感が今日でははびこっている」

彼らは「これが不満」と言っているが、そうではない。本当の原因は学習性無気力が原因である。

日常生活はよくても人はうつ病になることがある。それはうつ病になった人たちを見れば誰でもわかることである。経済的・社会的に恵まれた公務員や大企業のエリート社員がうつ病になる。

「彼らははげしく労働しなければ報酬がもらえないような体験を、ほとんどしたことがないのだ。力や価値や自賛といったものは、いったいどこから得られるのであろうか。自分がもっているものからではなく、自分の行為が世界を変えるのを見る長い経験からなのである」

セリグマンは「成功したうつ病」（＝Success depression）という言葉を使っている。そして、成功してうつ病になることはしばしばあると言う。しかも重度のうつ病である。彼らはなんの努力もなく恩恵に浴している。現在やっていることで報われているのではない。すでにやってしまったことで報われている。報酬は今の努力とは無関係にやってくる。(4)

成功した人が得ているものは、つまり生きがいなどのように、自己実現からくる内的報酬ではなく、賞賛である。

そこでバランスは崩れている。

「存在しない苦しみ」を勝手につくり出していないか

人々の本当に不満な理由は、彼らが不満と言っていることのほかにあることがある。それなのに妻が悪いの、夫が悪いのということに、自分の不満の原因を求める。格差社会だの政治の腐敗だのということに、自分の不満の原因を求める。

格差社会だの政治の腐敗だのは事実だから、ついその人の不満が正しいように思ってしまう。

しかし本当の不安は、その人が自己実現して生きていないこと、個性化の過程に失敗したこと等々である。

自分が自己実現する努力をしていないことを棚に上げて、上司がひどい、給料が安い、格差社会が悪い、政治の腐敗が悪いと叫んでも人は幸せにはなれない。

もちろん不満ばかりではない。不安についても同じである。本当に不安な理由はほかにある。それなのに何かもっともらしい不安の理由を挙げる。

たとえば、なんだかわからないが不安でしょうがない高齢の女性がいる。

しきりに息子夫婦のことが心配だと言う。しかしその女性の話は抽象的で、息子夫婦の不和のイメージがつかめない。

「息子さんがあなたに何か、妻の文句を言ってきているのですか？」と聞いてみると、息子はお嫁さんのことで嘆いているわけではない。

息子夫婦を調べてみると決して不和ではない。

つまりその母親は、何か大きな不安を持っている。その不安に対処できない。そこで、自分の不安の原因を息子夫婦の不和ということに求めた。

こういうことはよくある。「子どもが不登校で」と相談にくる。同じように不登校の話が具体的ではない。長く話していると何を言っているのだかよくわからなくなる。

調べてみると、ときに学校にいくのを嫌がる程度のことである。じつは夫婦関係がうまくいっていないことからくる不安の原因を、子どもの不登校に求めてしまう。子どもは不登校ではないのに、不登校にしてしまう。

もっとひどい母親は「子どもは発達障害です」と言う。調べてみると子どもは発達障害ではない。

人生に行き詰まったときに自問してほしいこと

一般的な言い方をすれば、対処不可能な大きな問題があり、それに直面するのが怖い。逃げなければならない。

そこで自分が対処可能な問題をつくり上げて、そこに意識を集中して、本当の大きな問題を自分の意識からブロックする。

たとえば、本当は職業選択を間違えたのではないか。結婚を間違えたのではないか。

高齢になって、心の底でうすうす気がついた。

しかし、それは正面から向き合うにはあまりにも大きな問題である。そこでその不安を抑圧して、対処可能な問題にすり替える。

ある男性の妻が子どもを産めない。妻は「子どもが欲しい、欲しい」と言っている。それが彼の言う悩みである。そしてノイローゼになったと彼は主張する。

しかしノイローゼになった原因を調べていくと、そうではない。じつは五十歳になって、職業選択を間違えたのではないかという不安を感じている。その年齢になるともう取り返しがつかない。

そこで、子どもが欲しいという妻の訴えに原因をすり替えていた。

本当に苦しいことは、今「苦しい」と言っていることか?

自分の悩みの本当の原因を見ないでよそに目を向けるときは、自分が限界のときである。そうして原因をすり替えることで、もう一歩自分を追い込んでしまう。

「人生が行き詰まったときには逆が正しい」と言う。苦しみの原因と思っていることは、本当の原因ではないのである。

第2章

「小さな幸せ」をつかむ人、取りこぼす人

足元にあることに気づいているか？

つらくなる原因はいつも自分の中にある

基本的不満がある。それなのに個々の具体的なことに不満になっていると思う。今日接した知人に不満を感じたと思っている。

しかし、じつは今日接した知人に不満なのではない。

なぜ今日接した知人に寛大なフリをしたか。それはその人がナルシストだから。

内気と謙遜の裏にナルシシズムがあると、アメリカで活躍したドイツ出身の精神科医フロムも指摘している。

約束を破られて、平気を装う。大物のフリをする。それはその人がナルシストであることを表しているに過ぎない。

じつはケチなのに「どうぞご自由に使ってください」と寛大さを装う。それも隠されたナルシシズムである。

それだけ大物を装いながら、本質は傷つきやすい。ナルシストだから普通の人よりも傷つきやすい。

その人は愛されたい、褒められたい、それゆえに心に傷ができる。憎しみが生まれる。他者と親しくなることができないが、心の底には憎しみはある。

ナルシストにとっては愛の問題は常に「愛されること」であって、「愛すること」ではない。ゆえにどうしても憎しみを持つ。幸せにはなれない。

今日、自分が幸せになれない原因を、今日接した「あの人が悪いから」と考える。今日、自分が苦しいのは、今日起きた「あのことが悪いから」と考える。

オーストリアの精神科医ベラン・ウルフは「つまらぬことを心配の種にすること」を躊躇《ちゆうちよ》ノイローゼの症状として挙げている。(1)

つまり現実と取り組まなければならないときに、一人前の義務を果たすことに尻込みすることを躊躇ノイローゼと言っている。そして「憂うつ症は、躊躇ノイローゼのなれのはてであることもしばしばだ」。(2)

つまり現実と向き合うことを躊躇している間に、事態はどんどん進んでもうどうにもできなくなったということである。

「無力と依存性」は人間の宿命である。この依存心を乗り越えない限り、人はどんなに努力しても幸せにはなれない。どんなに現実の苦しみがなくなっても、幸せにはなれない。

「苦しみ」には二つある

人はよく心の苦しみの原因を、現実の苦しみに置き換える。

現実の苦しみのほうが言っているとおりだとすると、ついそれがその人の不幸の原因だと思ってしまう。

すでに書いたが、病気で幸せな人もいるし、健康で不幸な人もいる。貧しくて幸せな人もいるし、お金持ちで不幸な人もいる。

離婚して幸せな人もいるし、不幸な人もいる。結婚していて幸せな人もいるし、不幸な人もいる。

苦しみには「現実の苦しみ」と「心の苦しみ」と二つあり、現実の苦しみと心の苦しみとは違うということを理解しないと、苦しみに対する対応を間違える。

自分が今感じている苦しみの原因を、まったく違って解釈している人は多い。

努力しても幸せになれない人は、自分の不幸の原因を間違って解釈していることが多い。

心の葛藤からくる苦しみと、現実の苦しみを関連づけることは間違っている。

心の苦しみを持っている人は、現実の苦しみを耐える力が不足している。したがって現実の苦しみから何か問題を起こしやすい。

しかし不幸は、その人の「心の葛藤」があることが原因である。幸せは心の葛藤の不在によるものだ。

それを、現実の苦しみと関係させて説明するのは間違いである。

持ち家があって幸せな人もいるし、不幸な人もいる。

家族がいて幸せな人もいるし、不幸な人もいる。子どもがいて幸せな人もいるし、不幸な人もいる。子どもが嫌いな親は家族といても幸せではない。家族がいることは幸せではない。

経済的に豊かな人で幸せな人もいるし、不幸な人もいる。大富豪が自殺するし、会社の社長がギャンブル依存症になる。

恋人がいて幸せな人もいるし、不幸な人もいる。恋愛をしていて、不幸な人は山ほどいる。恋人と一緒にいるのにいつもイライラしている。恋人と楽しい時間を過ごしているのではなく、いつも人をけなしている。心の不安定さに苦しみながら、暗い顔をして話題はいつも人の悪口。とにかくいつも機嫌が悪い。

不機嫌な人が恋愛をしても、幸せな恋愛とは言えない。

それなのになぜ人は恋愛すると幸せで、失恋すると不幸と考えたのであろうか。

エリートが陥った「自己憎悪」の罠

遊んでいて幸せな人もいるし、不幸な人もいる。

ギャンブル依存症の大金持ちは、遊んでいても楽しくない。

以前、ある会社の前会長による巨額借り入れ事件が起きた。シンガポールのカジノに頻繁に通っていた。前会長は数十億円をつぎ込んでいたという。

この人は働き盛りで何不自由もない。すばらしい学歴で社会的地位もあるし、巨万の富を持っている。若くして会社の社長や会長をしている。

一般市民からすれば別世界の人である。しかし、不幸な人であることは間違いないだろう。

ギャンブル依存症になるのは、つらいことがあってそれを忘れたいからギャンブルにのめり込むのである。ギャンブルを楽しむためにギャンブルをするのではない。

予想だが、この人は自己憎悪の激しい人だったのだろう。自己憎悪していれば、ギャンブルをしようが、お酒を飲もうが楽しくはない。仕事をしても勉強をしても楽しくはない。お酒もセックスもギャンブルも何をしても楽しさを体験できない。

こういう人があっちにもこっちにもいるのに、遊ぶことは楽しいことというステレオタイプの考え方しかしない人がいる。

楽しむ能力のある人が遊べば楽しいが、楽しむ能力のない人が遊んでも楽しくはない。ドイツの心理学者カレン・ホーナイは、「自己憎悪は楽しむ能力を破壊する」と言っている。

自己憎悪とは簡単に言えば、自分を受け入れられないことである。人を妬んでいる人である。失意の野心家である。視野の狭い人である。小さい頃から価値剥奪に苦しんだ人である。

つまり小さい頃から屈辱感に苦しめられた人である。

「無意識に求めるもの」が幸せを左右する

幸せになれない原因は、欲張りな人のパーソナリティーであり、自己不在の人のパーソナリティーであり、自己実現していない人のパーソナリティーであり、うつ病者のパーソナリティーである。

同じ状態でも欲張りな人のパーソナリティーは「あれもない、これもない」と不満になるが、自己実現している人のパーソナリティーは「あれもある、これもある」と感謝をする。

したがって悩んでいる人に「だから、もし幸せになりたいなら、『ある』方に注意を向けたらいい」と言っても、その人の注意は「ある」ほうには向かない。

「あれもない、これもない」と不満を訴えるのは、その人の「無意識の必要性」なのである。その訴えは愛を求めているのかもしれないし、憎しみの叫びかもしれない。

あれがあっても、これがあっても、その人の不満は解決しない。

「注意に注意せよ」というシーベリーの言葉は大切であるが、「ある」ほうに注意を向けようとしても向けられないのが、欲張りな人のパーソナリティーである。

欲張りな人のパーソナリティーの無意識の必要性を探ることが、悩みの本質的解決には最も大切なことである。

先に「幸せになれない原因は、欲張りな人のパーソナリティー」と書いた。ただここで難しいのは、人は不幸だから欲張りになる。

私たちは、人は欲張りだから不幸・不満になると考えがちである。しかしこれは逆で、不満な人、不幸な人が欲張りになる。

悩んでいる人に、私たちはよく「あなたは欲張りなのよ。欲張りだから不幸なのよ。もう少し……」というようなことを言う。

不幸の原因は欲張りなのだからもう少し欲を減らせ、ということである。しかしこのような忠告はほとんど実際には意味をなさない。

幸福な人はそんなに欲張りではない。欲張りは結果であって、原因ではない。

しかし人は欲張りだから幸せになれない。つまり幸せになるために、このどうしようもない矛盾を解決するのは「無意識の意識化」である。

「無意識の意識化」に重要なカギがある

規範意識の過剰なうつ病者などは、自分は意識の上で規範意識が過剰であっても、無意識の領域では欲求不満の塊《かたまり》であるということを意識することが大切である。

そして、そう意識することがアメリカの心理学者ロロ・メイの言う「意識領域の拡大」であり、不安の積極的解決である。そしてユングの言う「自己実現」である。

「無意識の意識化」

それが不安の積極的解決の重要な方法である。

コップに半分水があるときに「ない」ほうに注意がいく人と「ある」ほうに注意がいく人の違いはどこにあるのか？

それは無意識にある。不幸だから「ない」ほうに注意がいく。「ない」ことに注目するから不幸になるのではない。不幸だから「ない」ほうに目がいってしまう。

つまり「ない」ほうに注意がいく人は、広範な領域にわたって不満がある人である。ほかのことでも、どんなことでも「ない」ほうに注意がいく。

そういう人は、もう少し詳しく言えば、無意識に深刻な問題を抱えている人である。年齢にふさわしい心理的成長を遂げていない。

「○○がないから不幸」という錯覚

人はよく「自分にあるもの、自分が持っているものに注意を向ければ幸せになれる」

と言うが、逆である。

幸せになれば自然とあるものに注意がいく。無意識にある深刻な問題が解消されれば、自然とあるものに注意がいく。

心理的なことではよく逆のことが言われる。

たとえば「人と自分を比較するから劣等感に苦しむ」と言う。だから劣等感を解消するために「人と自分を比較するな」と言う。

しかしこれは逆で、劣等感があるから人と自分を比較するのである。

ある学者は「子どもがいないから不幸だ」と言う。しかし子どもがいなくて幸せな学者は山ほどいる。そういう人は子どもがいるということの幸せを相対化できている。つまり、それだけが幸せということではない、ということが理解できている。

ある「不幸だ」と言っている学者を調べてみた。すると自分の意思で学問の道にはいっていない。学問が最高という親のゆがんだ価値観で、学問の道を選んでいた。スタートから自立できていない。つまりもともと不幸な学者がいて、その人にたまたま子どもがいなかったというだけの話である。

彼の不幸の原因は子どもがいないことではなく、オイディプス・コンプレックスの解消ができていないことである。自己実現した生き方をしていないということである。

もし彼が、子どもがいないという不幸を受け入れて、自己実現した生き方をはじめれば、自分の今の幸せに気がついたろう。

自己実現して生きている人は、「ある」ほうに注意を向けようと意識的な努力をしなくても、「半分もある」と思う。

あるいは別の表現をすれば、人を愛するようになれば自然と「ある」ほうに注意がいく。

自己実現していない人は意識的努力をしても「半分もある」と思えない。どうしても「半分しかない」と感じてしまう。

愛されることを求めている人は、意識的努力をしても「半分もある」と思えない。「半分しかない」と思ってしまう。

「不幸中の幸い」を見出せるかどうか

逆境の中で苦しんでいるとする。その逆境の中でわずかにいいことがあった。「不幸中の幸い」という言葉がある。

今の状態は、基本は不運だけれども、その不運に対処する方法が見つかった。

そんなときに楽観主義者は「運が向いてきた」と元気になる。声に張りが出る。眼に力が出る。「光が見えてきた」と喜ぶ。

しかし悲観主義者は相変わらず「つらい、早く運が向いてこないか」と嘆き続ける。

同じことを体験しながら反応はまったく違う。

楽観主義者が悲観主義者に「ほら、運が向いてきたじゃない」と言っても、悲観主義者は「本当だ、よかった」とは反応しない。

自己実現している人と自己実現していない人との違いである。愛する能力のある人と、愛情飢餓感の強い人との違いである。心の底に憎しみがある人と、憎しみのない人との違いである。

年齢にふさわしい心理的成長をしている人と、ふさわしい心理的成長をしていない人との違いである。

人は生まれて以来、常にそのとき、そのときに解決すべき心理的課題がある。その心理的課題から逃げる人と、心理的課題と正面から向き合って、それを解決しようとする人がいる。そして長年にわたって心理的課題を解決しないで生きてきた人は、コップに水が半分入っているときに「半分しかない」と思う。

七歳のときまでに解決できているはずの心理的課題を、四十歳でまだ解決できていない人は、コップの中の水の入っていないほうに注意がいってしまう。つまり「もう半分しかない」と思う。

無意識にいろいろと深刻な心理的問題を抱えている限り、どんなに「こうしたほうがよい、こうしたほうが幸せになれる」とわかって、「こうしよう」と思っても、「こう」

はできない。カレン・ホーナイは「感情的盲目性（＝emotional blindness）」という言葉を使っている。(3)

人がわかっていても愚かなことをするのは、「無意識における必要性」から出てくるものがあるからである。

「心に幸せを感じる能力」とは？

愛情飢餓感の強い人は、常に愛されることだけを求めている。いつもどこでも自分が中心でないと気が済まない。

常に人から愛の言葉を聞きたがっている。

そういう人はどんなに社会的・経済的に恵まれていても不幸である。

同じような収入で、同じような家に住んでいて、同じような学歴で、同じように子どもがいても、愛情飢餓感の強い人は常に「ない」ほうに注意がいく。

若い頃から「自分にはあの人のように体力がない」と嘆く。恋人がいないと嘆く。

無意識の領域において「無限の受容」を求めている場合には、幸せな人とまったく同じ状態で生きていても幸せになれない。

幸せを感じられるかどうかは、とりまく社会的・経済的状態よりも、心に「幸せを感じる能力」があるかどうかである。

幸せを感じる能力とは、過去の心理的課題を解決できている人の心の能力である。「心の葛藤」がないことである。

過去の心理的課題とは、たとえばオイディプス・コンプレックスの解決とか、アイデンティティーの確立とか、ナルシシズムの解消とかいろいろとある。オイディプス・コンプレックスの解決とは易しく簡単に言えば、親からの心理的自立である。

過去の心理的課題を解決できているということは、無意識の領域に緊急の必要性を抱えていないということである。

なんでもない今日一日は、本当は楽しいことなのだが、心に葛藤を持っているために楽しいと感じられなくなってしまう。

心に葛藤を持つとは、心に鎧《よろい》をつけているようなものである。どうしても人と心がふれあえない。

愛されていても愛されていないと感じる人

無意識にいろいろと深刻な心理的問題を抱えている人は、否定的な人生観になる。

そういう人は「あの人はこれだけのことを、私にしてくれた。ありがたい」と考えないで、「あの人は、これをしてくれなかった」と考える。

基本的に愛されないで成長した人は、愛し方と愛され方を知らない。その能力が発達していない。

親から遊んでもらったことがないから、遊ぶ能力がなくて楽しく遊べない。

無意識にいろいろと深刻な心理的問題を抱えている人には、愛情を感じる能力がない。愛されていても愛されていると感じない。どんなに愛されていても「誰も私のことを愛してくれない」と思っている。

「愛されていない」どころか、「ひどい目にあった」とさえ思っている。

皆に愛されても「私は被害者だ」と感じている。

つまり二十歳の男性として愛されても、本人はまだ心理的に二十歳になっていない。だから愛されていないと感じてしまう。

五十歳の男性がいるとする。彼と恋愛をした女性がいる。その女性は彼を誠実に愛したとしても、彼は愛されていないと不満になる。

つまり彼が求めているのは五十歳の男性として愛されることではない。五歳の子どもとして愛されることである。

五歳の子どもが求めているものを与えないで、五十歳の人が求めているであろうものを与えるから、その男性は「誰も私のことを愛してくれない」と恨むことになる。

うつ病者も「誰も私のことを愛してくれない」と嘆き苦しむ。

「あの人にもよく思ってもらいたい。この人にもよく思ってもらいたい」等々と思うのも、欲の皮が突っ張っているからである。欲の皮が突っ張っていれば人生は行き詰まる。「あの人にもよく思ってもらいたい。この人にもよく思ってもらいたい」となれば、大変である。どんなに自分を認めてくれた人がいても、ほかの一人が自分に注目してくれないと「誰も私のことを愛してくれない」と苦しむことになる。

アメリカで活躍したドイツ生まれの精神科医フロム・ライヒマンの言う「すべての人に好かれたいという強迫的必要性」があるなら、どうしても認めてくれない人のほうに注意はいく。「私を認めてくれない人もいる」ということを受け入れれば、自分を認めてくれる人のほうに注意がいく。

不幸を受け入れるから、今、身の周りにある幸せのほうに注意がいく。

その不幸を受け入れられない人は、その不幸に心を奪われてしまう。そして身の周りのすべてが不幸の色に染まる。

「バーンアウト」は、こんなときに起こる

うつ病の人と同じように、肉体的健康をはじめ、有り余るほどのものを持ちながら「私には何も残されていない」と嘆き苦しむ人は多い。

それだけ無条件の愛を求めているのである。親の愛を経験していないから、わずかの不幸も受け入れられない。

その結果、今、身の周りにある有り余る幸せに目がいかない。目の前にある恵まれた環境に注意がいかなくて、「ない」ことに感情が釘づけになる。

それに対して心理的課題を解決しながら生きてきた人は、日々のささやかな喜びで幸せになる。

「ささやかな喜び」を感じる人は、コップに水が半分あるときに「まだ半分水がある」

と思う人である。

「私には何も残されていない」と嘆き苦しむ人は、「深く傷ついている自分の心を癒すものが何もない」という意味で嘆いているのである。

そういう人は日々のささやかな喜びはたくさんあるのだが、それが深く傷ついている自分の心を癒さない。

「燃え尽き症候群（バーンアウト）」の人もBig Payoffを求めているとアメリカの精神心理学者フロイデンバーガーは言う。

そのとおりである。大きな夢は単なる欲求不満の症状でしかない。

日常生活の中で小さな満足を感じない人は、「自分は今、深刻な心の葛藤を抱えている」と意識することである。

心に葛藤がある人は、心の底に不満がわだかまり、フロイデンバーガーの言うごとくバーンアウトしやすくなる。(4)

バーンアウトしたのは、外側の環境が厳しいからではない。

しかしバーンアウトした人は、たいてい外側の現実が厳しいからだと思う。

それまで心の底に不満が溜まってきたことに、早めに対処しなかったからだとは思わない。肉体的年齢にふさわしい心理的年齢に達していないからとは認識しない。

早期発見が大切なのは癌《がん》ばかりではない。

満たされている人は「劇的な変化」など求めない

とにかく不幸を受け入れられない人は、今までも「身のほど知らず」で大きなことを望みすぎてきた。自分の身の丈を考えない。なぜなら、それだけ心の葛藤が深刻で不満だったから。そういう人が大きなことを望むのは、大志ではなく不満な心の表れに過ぎない。

自分の不満の本当の原因に気がついていない人は、自分が好きなお風呂の温度にも気がついていないかもしれない。

基本的な欲求が満たされていないと、とてつもない大きな喜びを求める。逆転満塁ホームランのような Big Payoff ばかり求める。

そのように劇的なことばかりを求めるから、何もすることが見つからない。そしていよいよ不満になっていく。

試験では毎回百点を取って、皆から「わあすごい」と言われたい。そして挫折する。だいたい大きな喜びを求めている人を観察すればすぐにわかることであるが、基本的なところで満たされていない。

ことさらに大きなことを言ったり、大きなことをしたりしようとしている人は、本質的に不満分子である。そして現実には何も具体的な行動をしていない。

もっと言えば、自己実現している人はことさらに大きなことを言ったり、大きなことをしようとしたりしない。

要するに基本的な欲求が満たされていない人は、何をしても本当には満足しない。大人になった幼児は、常に不満である。

「生きるエネルギー」が満ちている人の共通点

基本的な欲求が満たされていないということは、育つ環境に愛の欠如があり、その結果、それから先の心理的課題の解決もできていないということが多い。

「小さい頃、私は愛されなかった」という不幸を受け入れたときに、真の成長がスタートする。それを受け入れないで、恨みつらみになったときに成長は止まる。逆に退行をはじめる。

退行をはじめるということは事態がどんどん悪化するということである。心理的にどんどん退化するということである。

日常生活の中で小さな満足を感じられないのは、不幸だからである。うつ病の感情的特徴の一つに「満足の減少」がある。

うつ病者とうつ病でない人で、日常生活がそれほど違うわけではない。しかし満足はまったく違う。

日常生活に満足がないのは、日常生活の具体的事柄そのものに問題があるというよりも、その日常生活をしている人のパーソナリティーに問題があることが多い。

幸せなら日常生活の中で小さな満足がある。だから、心の底に不満がわだかまることはない。

困難な状況に際してエネルギッシュな人は、一ミリずつ回復しようとする。

不幸な人は、まだやることが残っているのに、それをしない。ゲームは終わっていないのに、ゲームは終わったと言う。うつ病者のようにゲームオーバーになりがちである。

生きるエネルギーのない人は、逆境で逆転満塁ホームランを打とうとする。一ミリずつ回復しようとしない。そして「この困難で私は不幸」と言う。

しかし困難が問題なのではなく、困難を少しずつ具体的に解決しようとしないパーソナリティーが問題なのである。

悩んでいる人は問題を解決しようとしないと書いたが、とにかく悩んでいる人は具体的な解決への意志がない。常に解決する気があるという動機の強調だけで、自分が具体的に動いていない。

人は、必ずしも人から拒絶されたから落ち込むわけではない。ときには、落ち込んでいるから拒絶されたと勝手に思う。

人から拒絶されたことの解釈はいろいろとある。解釈の仕方で、たまたま相手の事情が「都合悪かった」だけと受け取り、何事もなく日々が過ぎていく場合もある。

ところが同じことで「私は魅力的な人間ではない」となってしまう場合もある。つまり拡大解釈、内的解釈、持続的解釈をする人である。

拒否されていないのに拒否されたと思ってしまうこともある。そして落ち込む。

「不幸を受け入れる」人は楽観主義者である。「不幸を受け入れる」ことは限定的解釈をすることである。

何かに失敗すると「私は『このこと』で失敗した」とそれ以上に解釈を広げない。ほかの仕事で失敗したわけではない。これが限定的解釈である。

「不幸を受け入れる」ことができない人は悲観主義者にならざるを得ない。拡大解釈をするからである。

何か仕事で失敗すると、「自分は無能な人間だ」と失敗の解釈を広げてしまう。さらに「だから会社にいられない」と広げる。さらに「だからもう生きていけない」と広げていく。拡大解釈である。

内的解釈、持続的解釈についてはほかの本で説明しているので、ここでは説明を省く。

なぜ「自分のやりたいこと」が見つけられないのか

ちょっと元気が出ると「さあ、やるぞ」と言いながら、具体的に何をやっていいかがわからない高齢者がいる。

ある高齢者が「人生という解のわからぬこのへんで、このところで、俺は昨日も今日も生きている。生きているからには毎日何かやっている」と書いている。

つまりこの人は、具体的で適切な目的を持っていないということである。

逆に言えば「不幸を受け入れられない人」である。「さあ、やるぞ」という言葉は、自分のできることを「さあ、やるぞ」ということではない。

この人は、自分のできることをすることでは満足できない。自分のできることをすることに生きがいを感じられない。

しようとすることは、常に非現実的なほど高い期待にもとづくものである。だから「さあ、やるぞ」という意欲が現実には空回りする。

「大人になった幼児」が「さあ、やるぞ」と言っているのである。現実にはやることが見つからない。

この人は「やっていることに興味があるのかね?」と自分に問いかける。「さあ、やるぞ」という意欲があっても、自己執着が強いから周囲の世界に興味と関心がない。

この人は「俺は今でもいい。遅くはない。『何が一番面白い』か、本気で考えよう」とする。

しかし何が一番面白いかがわからない。

それは自分の心が抱えている問題を考えないからである。自分の無意識にあるものを意識しようとしないからである。自分が「大人になった幼児」であることに気がついていないからである。

その結果、自分が小さい頃から安らぎがなかったことに気がつかない。

「幸せになれないロマンチスト」たち

無意識の領域にすごい憎しみを抱えていたら、どんなに「さあ、やるぞ」と張り切っても、現実にやることは見つからない。

なぜならその人が本当にやりたいことは、自分の関係した人たちに復讐することだからである。

その人の本当の目的は、頑張って周囲の人を見返すことである。

ところが、周囲の人を見返すだけのエネルギーと力はその人にはない。周囲の人への依存心が強い。見返したい人から愛を求めている。

でも、その人たちに敵意を持っている。心に矛盾を抱えている。

「俺は今でもいい。遅くはない。『何が一番面白い』か、本気で考えよう」と言うが、その人にとって一番面白いのは見返すことである。復讐である。

その人にとって本当にやりたいことは、その人の「無意識にある欲求」に従うことである。

したがって意識の世界でどんなに「何が一番面白いか」と探しても見つからない。

もしこの人が「俺は復讐をしたいのだ」と意識できれば、事態は変わる。

青年期の課題の一つは「興味の覚醒」であるが、その障害になっているものがある。それは、無意識にある蓄積された憎しみである。

ただ「幸せになりたい！」といった抽象的な願いのときには、幸せは手に入らない。あるいは「幸せになるぞ！」という抽象的な意志のときには、幸せは手に入らない。

悩みも、「さあ、やるぞ」という意欲も抽象的なのである。「この商売をしたい」という具体的なことがない。

オーストリアの精神科医ベラン・ウルフに言わせれば「幸せになれないロマンチスト」である。

こういう人は結局実際には何もしていない。

「これがしたい！」とか「この人と結婚したい！」と思ったとき、エネルギーが出る。

「なぜ私はこれがしたいという具体的なエネルギーが湧いてこないのか？」と自分に問うたときに、自分の憎しみに気がつく。自分が大人になった幼児であることに気がつく。

自分は憎しみがあって他人を落とすが、困っている人には親切をする。親切をするのは感謝されたいから。親切は無力感の表れに過ぎない。

「けしからん」という感情を吐き出したい。小さい頃からの不満がある。結果ばかりでプロセスがない。

この人が自分の無意識に注意を向ければ、いろいろな自分が見えてくる。

「劣等感」がありのままの自分を見失わせる

この人が「何が一番面白いか」わからないのには、もう一つ原因がある。

それは、この人が小さい頃から劣等感だけで動いてきたからである。劣等感以外の「自分の素直な感情」で動いたことがない。

劣等感があまりにも激しいので、人間としての素直な感情が摩滅してしまっている。

だから「何が一番面白いか」わからない。劣等感が圧倒的で、ほかの感情は発育の余地がなかった。

この人は、人間としての素直な感情がないから、生きる目的を探そうにも、探せない。

いくら探しても探せない。

「見つかりそう」にはなる。

けれどもどうしても「見つからない」。探したいけど、探せない。

この人が「俺は今でもいい。遅くはない。『何が一番面白い』って、本気で考えよう」と言っても、あまりにも長いこと劣等感だけで生きてきたので、五感がマヒしていてわからないのである。

この人が「ああ、自分は劣等感だけで生きてきたのだな」と気がつけば、そのときに目的へのスタートラインに立てるのである。

長いこと、虚勢を張ること、自分の価値を守るために人をけなすこと、「実際の自分」でない自分を人に見せること、軽蔑されることを恐れて体裁をつくること、そのようなことだけで生きてきた。

人からちやほやしてもらうこと、人から褒められること、人から認めてもらうこと等々を目的にしてきた。

自分の適性を考えたことがない。オイディプス・コンプレックスが自分の核にあると気がつけば、すべて理解できる。

「ああ、自分はここまで劣等感が強かったのだ。それは孤独だったからだ。自分は何をしたいかではなく、いつも人からどう思われるかということだけで生きてきた。だからもう何が好きかもわからなくなっている」

もし、このようないろいろなことに気がついてくれれば、そこから真の自分の人生の出発がはじまる。

それでも自分を責めることはない。小さい頃から親が「この子の一番の特徴は何か？」とか「この子が一番求めているものは何か？」と考えながら育てられた子もいる。そうした子と自分の違いを考える。抽象的な願いしか持てない人は、愛されて成長していない。そこから自分の位置が見えてくる。

「怒り」は、幸せになるエネルギーを消耗させる

ことさら不幸な気持ちではなかったけれども、何か些細なことで急に気持ちが落ち込

んだり、憂うつになったりする。

そして時間が経ってもなかなか元気になれないときには、自分は何か重大な問題を心に抱えていると意識したほうがよい。

もちろん誰でも些細なことで急に落ち込むことはある。ここで言っているのは、それが不適切なほど長く続く場合である。

優越感で得意になっているときに、パソコンの調子がちょっと悪くなっただけで急に落ち込む。不愉快になる。しかもなかなかその不愉快な気分を抜けきれない。

そんなことは全体から見れば、たいしたことではない。そこで今の幸せに注意を向けようとしても、どうしても注意がその幸せなほうにいかない。

そんな場合には、やはり自分の無意識の領域に何かあるのだろうと考える必要があるだろう。

無意識に堆積された憎しみで心身ともに消耗しているのである。怒りはエネルギーを消耗する。すでに生きるエネルギーがないから、なかなか不愉快な気分を抜けきれない。

もちろんその人が執着性格者であるとすれば、それにはそれなりの理由がある。

そこまで些細な損害や出来事に執着するのは、成長期に愛されなかった証拠である。

執着性格者は愛情飢餓感が強い。

小さい頃から、ちょっとしたことをたいそうなこととして叱られた。ひどく責められた。自分とは関係のないことまで「あなたの責任だ」と責めさいなまれた。

ある躁《そう》うつ病患者である。彼女が生後十八か月のときに、「あなたが生まれなければお母さんは死ななくてよかったのよ」と母親の死の責任を取らされた。姉妹からそう言って責められたのである。

その躁うつ病患者は本当に小さい頃から、しばしば家族の期待の重荷を負わされた。なんであれ、家族の中で困難や失敗があれば、それは「私の責任」と感じる、あるいは感じるようにさせられた。[5]

そうしたことにわずらわされながら成長した。そのわずらわしさは、その人の扁桃核《へんとうかく》に感情的記憶として貯蔵されていく。

家族の重荷にわずらわされながら成長した人の感情的記憶の蓄積と、家族の楽しい雰囲気の中で成長した人の感情的記憶の蓄積はまったく違う。

小さい頃に家族の中で起きたどのような困難であれ、失敗であれ、それに責任を負わされていたら、大人になって何が起きても恐ろしい。どんな些細なことでも、起きたことは恐ろしい。

あなたを認めてくれない人は必ず存在する

さらに愛されないで育った人は、誰にも褒められたい。誰にも褒められたいから、褒めてくれない人のほうに注意がいく。

こういう人は褒めてくれる言葉を求めていて、会話がない。求めているのは、大人の会話ではなく、小さい頃の母親とのふれあいである。無条件に褒めてくれる母親との関係である。

本来ならふれあいの言葉や、なんでもない日常会話なのに、それで傷ついてしまう。

「バカねえ」で傷つく。

皆に気にかけてもらいたい。皆に自分のことを大切にしてもらいたい。それだから自分のことを大切にしてくれない人のほうに注意がいく。そういう人に気を奪われてしまう。

周囲の人皆が自分のことを第一に考えてくれないと、不愉快になる。だから、自分のことを第一に考えてくれない人のほうに注意がいく。

小さな子どもは、母親が自分のことを第一にしてくれないとふくれる。自分のお腹が空いていれば、まず何よりも先に自分に食事をつくってくれなければ不愉快になる。不機嫌になる。

そうした自己中心的な愛情欲求が子どもの頃に満たされればいいが、満たされないままに大人になる人も多い。

その満たされない心を隠して真面目に生きている。

それが執着性格者である。だから執着性格者は誰にでも認められたい。

そこで生きる道を誤る。自分の好きなことを探して、それを人生の目的にすればいいのに、認めてもらうことを目的にして道を選んでしまう。

たとえば、皆から認められたいからお金を目的にする。お金に執着した生活になるとどうしても満たされない。気持ちは焦る。

万一経済的に成功しても、人に見せるための生活はすぐに飽きる。

「昔の恋人」に執着する人の心理

さらに誰にでも認めてもらいたいから、誠意のない人にまで気を奪われる。冷たい人にまで気を奪われる。

相手にするほどの人でもないのに、相手にして勝手に傷ついている。恥知らずの人間を相手にして傷ついている。

そんな卑怯な人間と接しても心の中で相手にしていなければ、何をされても別に傷つくことはない。

たちの悪い人に、自分がしようとすることの邪魔をされる。相手にしていなければ、困ることはあるが、傷つくことはない。

執着性格者は愛情飢餓感が激しいため、認められたいと強く願うから、誰に軽く扱われても傷ついてしまう。

しかし、その怒りを表現できない。そして、悔しいから心理的にその人間関係に気持ちがとらわれてしまう。

執着性格者は、自分の潜在的可能性を実現するための目的がない。適切な目的を持てない。見返すことが目的になってしまう。悔しい気持ちをはらすことが目的になってしまう。

しかし悔しい気持ちを無意識に追いやる。そして無理をして、りっぱな人間のように振る舞おうとする。

つまり心の葛藤はすさまじい。そうして生きるエネルギーを無駄に消耗する。

たくましい人は、自分にとって適切な目的が何であるかが見えている。

なんでもいいから目的があれば人は幸せになれる、というものではない。

目的が自分にとって「適切な目的」であるときに、はじめて目的は幸せの原因になる。

執着性格者は執着しているものがおかしいことが多い。

ある女性が三十代のときに、運転免許証の写真を見て「嫌な顔」と思う。五十代のときに見ると、「こんなによかったのか」と思う。

執着性格者が執着しているのは、こんなものである。

高校のときよりも今が楽しければ、高校時代の夢は捨てられる。

しかし今が不幸なら、高校時代の夢は捨てられない。間違った目的でもその目的に執着する。

昔の恋人に執着している人がいる。対象喪失の仕事ができていない人である。今の恋人との生活が幸せでないからである。

今の恋人に満足していれば、過去に振られた恋人には執着しない。昔の恋人に執着している人は、心理的に成長できない人である。

日々を「ささやかな喜び」で満たせるか

気持ちのいいお風呂に入って「ああ、天国、天国」と思わず言ってしまう人がいる。大切なのは、ポーランドの哲学者タタルケヴィッチの言う「ささやかな喜び」のすばらしさを感じる能力である。

お風呂はもう十分と思ったら、今度はお風呂から出てベッドに寝ころんで「今日は、よく頑張ったなあ」と思う。

しかし、同じお風呂に億劫《おっくう》で入りたくない人がいる。

同じ体験が、ある人にとってはマイナス百になることもあれば、別の人にとってはプラス百になる。

もともと幸せだから「ある」ほうに注意がいく。

先にも書いたとおり、「ある」ほうに注意がいくから幸せになるのではない。

愛されるから幸せになれるのではなく、幸せだから愛されていると感じることができる。

心のゆとりのある人だけが「愛されている」ということを感じることができる。

幸せな人だけがささやかな喜びを感じることができる。

幸せな人は「今日もこうして元気に会社にこられた」と思う。

不安から強迫的に名声を追求する人は、「今日も会社で人よりも業績を上げなければ」と思う。「会社の仕事はきついなあ、嫌だなあ」と思う。

そういう人に、仕事にはいろいろと苦労があるけれども「今日もこうして元気に会社にこられたと思えば、幸せじゃないか」と言っても無理である。

幸せになれば、努力しないでも「今日もこうして元気に会社にこられた。幸せだなあ」と感じる。

もともとがエネルギッシュな人は、職場がつまらなくても、その職場で自分を楽しもうとする。

職場が自分に合っていなくても「そこで何を身につけるか」が大切な視点だと思って努力する。

しかし基本的欲求が満たされていない人は、すばらしい職場にいても「こんなくだらない職場は辞めたい」と思う。

とにかく自分の心の葛藤を意識化して、それを解決することが先決である。そこがゼロの位置である。

人をバカにする人は人生に絶望している

親から「お前は普通ではいけない」というメッセージをいつも受けて育った人がいる。

親はいつも「世の中のヤツはバカだ。教養がない。器が小さい」などと言っている。

これらの言動はすべて親の「劣等感」から出た言葉である。

たとえば誰かが社長になる。その挨拶状がくる。すると「あいつらは、こんなことが嬉しいんだね。バカだねえ。わっははは」と笑う。

子どもも一緒に笑わないと父親がものすごく不機嫌になるので、子どもも一緒になっていかにも「バカだねえ」という雰囲気で「わっははは」と高笑いをする。憎しみの不自然な陽気さである。

それは、わけのわからない犬に「皆バカだ、吠えろ」と教えているようなものである。飼い主はその犬に骨しか与えないで、「あいつらみたいに、いいものを食べるのは教養がない。バカだ」と教えているようなものである。

なぜ子どもはいかにも楽しそうに「わっははは」と高笑いするのか。それは父親に嫌われるのが怖いからである。父親の愛情を信じられないからである。

楽しそうに振る舞った動機が「恐怖」や「懐疑」である。

その結果、子どもは父親から嫌われることをますます恐れるようになる。ますます人を信じられなくなる。

楽しそうに「わっははは」と笑いながらも本当は楽しくもないし、その人たちを「バカだ」と思ってもいない。

　そこで、その子は逆に自分自身が嫌いになる。心理的に不安定になる。それが後々までその人に影響する。

　親の本音は「私は、社長になった彼がうらやましい。私も社長になりたい。でも社長になれない」である。

　しかし自分の本音を認めたら「私は社長になる能力がない」と認めなければならない。それが自分を傷つける。そこで「社長になるなんて、そんなことはくだらないことだ」とラッパを吹いて、傷つくことから自分を守った。

　しかし「あいつらは、こんなことが嬉しいんだね。バカだね〜。小さいね〜。わっははは」と笑ったことで、何が起きたか？

　社長になれない自分への蔑視がいよいよ深刻になった。

　現実の世界で認めてもらいたいのに、認めてもらえないから、世俗を超越した大物のフリをした。

　そうすることで、いよいよ世俗の価値に縛られたのである。心の底ではいよいよ世俗の価値なしに生きられなくなった。

じつはこの人は人生に絶望している。だから人を小バカにしている。

笑いには二種類の笑いがある。一つは楽しい笑いであり、もう一つは憎しみからの笑いである。陰でいじわるする人は、渇いた笑いをする。

「普通」を幸せと思える人、思えない人

「普通ではいけない」ということは、世間並みのものではいけないということである。これには矛盾を含んでいる。

誰よりも成績はよく、その上で「成績なんて問題ではない」と言っていなければならない。

会社に入れば「エリートコースをまっしぐら」なのだけれども「エリートコースなど

くだらない」とエリートをバカにしていなければいけない。

具体的な生活の仕方も、価値観もすべて「普通ではいけない」のであり、すべてにおいて普通とは違い優れていなければならない。

ウサギとして遊んでいても「自分はライオンでなければいけない」と思っている。だからウサギと遊んでいても楽しくはないし、生きがいもない。

「この服、汚してもいい」と言われながら、その服を汚さないように遊ばなければならないのと同じである。いわゆる「二重束縛」である。

言語的メッセージとしては「この服、汚してもいい」であるが、非言語的メッセージとしては「この服、汚してはいけない」である。このように言語的メッセージと非言語的メッセージが矛盾しているのが二重束縛である。

当然、無気力になる。なんのために生きているのかがわからなくなる。「普通ではいけない」というメッセージは、ウサギなのにウサギとして生きる習性を奪っていってしまう。

こうした破壊的メッセージだけが問題の性格をつくる原因ではないが、人が問題の性格になるのには、問題の性格になるだけの理由がある。

大切なのは本人がそれを意識化して乗り越えていくことである。

「自分は無意識の領域に問題を抱えている」と認めない限り、いつまでたっても「半分しかない」と「ない」ほうの半分に注意が集中する。そして常に不満になって生きていなければならない。

問題のあるパーソナリティーの人は、自分の無意識を意識化しない限り一生不幸である。

「親の支配」から抜け出すカギ

養育者である親の価値観の中には、成功者と落伍者の二種類の人間しかいなかったとする。

それは子どもにとってはきつい価値観である。そして、もし落伍者になるとこうしてバカにされて追放されるのだということを、子どもは小さい頃から感じ取っている。

問題の性格になった人が本来したかったことの中には、養育者が嫌いなことが多い。でも子どもは、その養育者の笑顔が生きがいであり、養育者から褒められることで自分の存在を確認している。

だから、したいことは怖くてできない。本当は自分たちの世界のほうが、全部がバカバカしい世界であり、全部がつまらない世界であった。

それなのに逆に「あの人たちの世界がバカバカしい」と無理に思い込んで生きている。

普通「問題がある」というと、それは朝起きて「学校にいきたくない」などの問題である。

しかし性格の問題はそのようにわかりやすくは表れない。

朝起きて「学校にいかない」などの問題は、誰にでもよく見える。

しかし常に「ない」ほうに注意がいく人の心の問題は、そのように見えやすくはない。

問題の性格者は朝から養育者の価値観の袋の中に入っている。養育者の価値観という空気の中に入って生きている。養育者の支配下にある。

したがって情緒的成熟はない。

「ある」ほうに注意がいく普通の子どもは自分で生きている。養育者の支配下にない。したがって情緒的に成熟する。

問題の性格者は自分の意志を持てない。親の願望や衝動に合わせて自分をつくる。養育者のリモコンとして生きている。普通の子どもは、リモコンは養育者ではなく、身についた習慣である。

人をけなしても自分が幸福になれるわけではない

「ない」ほうに注意がいく問題の性格者は、自分のことばかりではない。人の評価についても同じである。

常に意図的に弱点、欠点など相手の悪いところに注意がいく。常に悪意を持って人を評価する。

その結果、真実が見えなくなるし、もともと真実には関心がない。人をけなすことに関心がある。

講演会などで、常に講演者を評価できない人がいる。講演者をけなすことによってしか自分の価値を感じられない。

どうしても講演者を認められない。それは認めてしまうと自分の価値が下がると思っているからである。

それは神経症的競走をしている人である。つまり、人と自分が常に対立していると考えている。

講演している人を「自分と対立している」ととらえている。したがって講演者を認めることが、そのまま自分には価値がないということに直結してしまう。そこでどうしても講演者を認められない。

しかし、その人が講演者を「くだらないことばかり言っているレベルの低い人」とけなしても、本当にそう思っているわけではない。その結果、心の底ではじつは自己評価を下げていることになる。

自己評価を下げるのは、講演者をけなした動機が自信のなさであるからである。わかりやすく言えば、劣等感から講演者をけなした。その結果、動機となった劣等感は強化されている。

問題の性格者は講演者に完全を求めるから、「ない」ほうに注意がいく。普通の人は「ある」ほうに注意がいくから、そこで得るものを得て帰っていく。

完全な人などいないから、人間関係で「ない」ほうに注意がいく人は、常に人をけなしていなければならない。

また問題の性格者には、他人に対して神経症的要求がある。つまり復讐性である。

相手をけなすことが重要で、自分を磨こうとしない。自分自身の中で自分の価値を高めようとしない。

どんなに相手をけなしても、それで自信ができるわけではない。自分を発見できるわけではない。

こうしていつも焦っている人は、小さい頃から恐怖感で生きてきた。その結果、憎しみの感情がすごい。

第3章

なぜ「ありのままの自分」でいられないのか？

周囲の期待、理想の自分像に振り回されない

「基本的欲求」が満たされているのが幸福の条件

もともと基本的に欲求不満な人、あるいは母親固着が満たされていない人は、不安である。

彼らは不安だから百を求めている。

そこに五十をもらう。そのときに基本的欲求が満たされていない人が「まだ五十足りない」と言うのは当たり前である。五十をもらってもまだ不安なのだから。

これがコップに水が半分入っているときに、「半分しかない」と言う人である。

不満を言う人にとって、百はもともとの不安を解消するために必要な数である。

母親固着が満たされている人、基本的欲求が満足している人はベースとして満たされている。したがって不安ではない。母親固着が満たされている人は「大人になった幼児」ではない。

そこで五十もらう。そうすれば「五十も、もらった」と思う。

それがコップに水が半分入っているときに、「半分もある」と言う人である。

基本的欲求が満たされている人の心の位置は、ゼロである。

しかし基本的欲求が満たされていない人の心の位置は、マイナス百である。したがって五十もらっても心の位置は、まだマイナス五十である。

基本的欲求が満たされている人が五十もらえば心の位置は、プラス五十である。

コップに水が半分入っているときに、基本的欲求が満たされていない人に、「半分もあると思え」と言っても無理な話である。

コップに水が半分入っているときに、基本的欲求が満たされている人は、「半分もあると思え」と言われなくても「半分もある」と思う。

私は浪人のときに、「自分は幸せだ」と自分に言い聞かせていた。

食べていられる。屋根の下で雨にも濡れず暮らしている。つらい労働を強いられているのでもない。

しかしどうしても幸福感はなかった。

基本的な欲求が満たされていなかったのである。

「心のインフラ」が整備されているか

人は基本的な欲求が満たされて幸せになる。

人は愛されるから、仕事でも好きなことが出てくる。趣味も持てる。「実際の自分」を受け入れてもらえるから好きなことが出てくる。

深刻な劣等感で動いていたら、いつになっても好きなことは出てこない。

うつ病者に「趣味を持ちなさい」と言っても無理である。それはうつ病者は小さい頃から「実際の自分」を受け入れてもらったことがないから、好きなことが見つからない。

もともと好きなことが見つからないからうつ病になった。その人に「趣味を持ちなさい」と言っても無理。趣味を持てればそもそもうつ病にはならない。

趣味を持てない人に趣味を持ちなさいと言うのは、アルコール依存症の人に「アルコールを飲むのをやめなさい」と言うようなものである。

アドバイスの内容は正しいかもしれないが、まったく無意味な発言である。

心理的なことを経済的なことに置き換えて考えてみればわかりやすい。

結婚した二組のカップルを考えてみる。

一組は、何とか生活していけるだけの環境はそろっている。食器もあれば、布団もある。

しかしもう一組は生活していくための基本的な道具が一切ない。食事をしようにも茶碗も箸もない。

その二組のカップルがそれぞれ五十万円もらった。

基本的な道具が一切ないカップルは「あと五十万あれば、電気スタンドが買えるのに。そうすれば夜は暗くなくて生活しやすい」と思うだろう。

しかし生活の基本的なものがそろっている二人は、「これで食器洗い機を買える。すごい」と喜ぶかもしれない。

社会で言えば、インフラの整っている社会と、インフラのない社会の違いである。

同じ五十億円を与えられても、その五十億円の意味はインフラの整っている社会と、インフラのない社会ではまったく意味が違う。

「何事も当たり前のことはない」

人の幸せにとって決定的なのは、何を当たり前だと思うかである。

健康で会社にいけることを、当たり前だと思うかどうかである。

自分の歯があって自分で食べ物を噛めることを当たり前だと思うか、こうしていい空気の中で座っていることが当たり前だと思うか、道は渋滞しているけれど車を運転していられることが当たり前だと思うか、難しいかもしれないがこうして図書館で本を読んでいられることが当たり前だと思うかどうかである。

それらのことを当たり前のことと思えば、それらのことをしていて「ありがたい」とは感じない。幸せとは感じない。

アドラーの「何事も当たり前のことはない」という考えは、幸せになるための条件のようなものである。

おとぎ話の世界は別として、現実の世界では重病にかかって苦しんでいる人がたくさんいる。

そうであればたとえ病気になっても「こんな軽い病気で済んで幸せだ」と思える。現実の世の中では飢えている人がいる。そうであれば「こうして食べられることは当たり前のこと」ではない。

それを当たり前と思えば、「美味しくない」と不満が出る。当たり前と思わなければ、「食べられてありがたい」と感謝が出る。

「美味しくない」と不満が出る人は、じつは食事をする前から自分の人生に不満なのである。その心の底にある不満が「美味しくない」という言葉で表現されている。

ごはんが美味しいから幸せなのではなく、幸せだからごはんが美味しい。

健康だから幸せなのではなく、幸せだから健康に感謝する。

その人が幸せなのは、自己実現している人だから。「大人になった幼児」ではないからである。自己実現していなければ、ごはんを食べていても「美味しいな。幸せだな」とは感じない。

「なんで私だけが……」と言う人の心の葛藤

「不幸を受け入れる」というシーベリーの考え方と、アドラーの「何事も当たり前のことはない」とは相通じているものがある。

ところが心の葛藤を抱えていると、その当たり前の幸せに気がつかない。気がつかないというか、注意がいかない。そちらに注意を持っていこうと思っていても、そちらには注意がいかない。

それが強迫性である。

つまり「ある」ほうに注意しようとしても、心の葛藤があるから「ある」ほうに注意がいかない。注意はどうしても「ない」ほうにいってしまう。

「ない」ほうを考えまいと思っても「ない」ほうを考えてしまう。そうして「なんで私だけが」という不満になる。どうしても視野を広げられない。

それは「自己執着」の激しさである。どうしても自分へのとらわれから解放されない。

人を支配しているのは、その人の意識ではなく、その人の無意識の世界に何があるかである。

ドイツの心理学者エーリヒ・フロムは言う。

「フロイトは、抑圧された衝動が本人は意識しないけれど、なお働き続けてその人に深《しん》甚《じん》な影響を与える、ということを示した。抑圧された衝動が人に与える影響は、それが意識されている場合より必ずしも少なくはないのである。そのおもな相違は、抑圧された衝動は変装して活動し、したがってその活動している本人は自分がしていることを知

らないでいる、という点に存する」(1)

あなたの信じる「幸せ」は幻想かもしれない

「ない」ほうにばかり注意がいく問題の性格者が、ときに「幸せ」をことさら強調することがある。

そういうときは幻想の世界に住んでいる。

本当の幸せを感じていないのに、「これが幸せ」と思わなければ生きていけない。つまり幸せの幻想の中で生きている。

それは長年にわたる虚勢を張った生活の結果、何か物足りないのであろう。

仮面をつけて生きてきた。彼らにとっては、生きることが演技をすることだった。

自然な生活をしてこなかった。そこで感情が自然に流れない。自然な感情とはかけ離れた偽りの感情で生きてきた結果、心の底で自分に失望しているのであろう。

だから一生懸命「私はこれを求めて生きてきた」と自分に言い聞かせている。

本当の友達ではないのに、「友達」という幻想を持っている。

家族という幻想も同じである。家族は無意識の領域でお互いに嫌いである。それなのに、お互いに仲がいいと意識している家族がある。

夫婦がお互いに無意識の領域でいがみ合っている。それなのに「私たちは本当に仲のいい夫婦です」と言う。愛という幻想である。

本当のことを否定しようとするときに、声が高くなる。

テンションが高くなる。

ウソだから騒ぐ。無理に自分に言い聞かせていることがわかる。

相手はいい人ではないのに、いい人と思わなければ生きていけない。

すべてが自然の感情を犠牲にした、強制された感情で生きている。

お互いの間に本当のコミュニケーションがない。そうした幻想の世界で生きたツケは必ずくる。

それは子どもの不登校に表れたり、自分たちの理由なき病気に表れたり、異常な取り越し苦労に表れたり、子どもの円形脱毛症に表れたり、いろいろな表れ方をする。

"慢性的不満"の原因はどこにある？

欠けたことに焦点がいくのは、神経症的要求の復讐性からでもある。

もともと不公平感がある。それはその人にとっていきわたる不満の表現である。個々のことに不満というのではなく、生きていることに不満である。そうして不満のある性格になる。(2)

カレン・ホーナイによれば神経症者の広い要求がパーソナリティーに及ぼす影響は多岐にわたる。

この指摘はきわめて重要な指摘である。つまり神経症者の不満は基本的にパーソナリティーの問題である。

ということは、単にある具体的なことで、「ない」ほうに注意がいくということだけが問題ではない。「ある」ほうではなく「ない」ほうに注意がいく人は、そういうパーソナリティーだということである。

慢性的に不満なのだから、「ない」ほうに注意がいくということだけを直そうとしても、決して直るものではない。

全体としてのパーソナリティーを直さない限り、頭でいくら、「幸せになるためには、『ある』ほうに注意を向けること」と言い聞かせても、身近にある小さな幸せには注意がいかない。

彼はとにかく慢性的不満（＝Chronic discontent）を持っている。「その不満な中でも広範な要求は際立っている」とカレン・ホーナイは言う。

要するに、「ある」ことで「ない」ことに焦点がいく人は、それ以外の何もかもが不満ということである。

あの人の言うことも不満だし、この人の言うことも不満である。あのことにも怒りが湧くし、このことにも怒りが湧く。

あの人の態度にも怒りを感じるし、この人の態度にも怒りを感じる。すべての周りの人の態度が失礼に感じる。

「偏見」も「不満」から生まれる

常に「ない」ほうに注意がいく人は、他人がかかわってくると腹が立つし、かかわらなくても腹が立つ。

関心を持たれても腹が立つし、無視されても腹が立つ。

与党の言うことにも腹を立てるし、野党の言うことにも怒りを感じる。与党の言うことにも、野党の言うことにも怒りをぶつける。そもそも政治家に不満。

ある夫は妻に不満である。妻のやることなすことすべて気に入らない。その服はなんだ、ふきんが汚い、口を開けば不満である。

ある妻は子どもの学校の先生にも不満であるが、子どもにも不満である。夫にも不満だし、不倫相手にも不満である。

そもそも自分自身に不満である。そうした妻は目つきが悪い。黙っていても怒りが顔に出る。だから関係者全員を引っかき回す。

老若男女を問わず、こういう人たちは怒りと憎しみで飽和状態。誰も彼も許さない。誰も信じられない。

そば屋に入って、怒ってお店の人にそばつゆの文句を言うような人である。そば粉について文句を言って、挙げ句のはてに「お客さんにアンケートを取ったら？　お客さんの要望をちゃんと知るのが経営者でしょう」などとえらそうなことを言う。店長が「出ていけ」と怒鳴りたくなるタイプである。

まさに広範な要求を持っている。したがって不満の範囲も広範である。公私ともに不満である。

政治のある政策に反対しているからといって、その政策の内容に反対なのではなく、その政策反対という主張を通して心の中の不満が表現されているだけである。政策に反対するのは単なる不満のはけ口を求めているだけである。

ユダヤ人にもアメリカ人にも反対である。アメリカ人に偏見を持つ人は、ロシア人にも偏見を持つ。

アメリカの心理学者オルポートが指摘するごとく、「偏見」のパーソナリティーは「不満」のパーソナリティーである。

つまりある具体的なことで「ない」ことに焦点がいく傾向というのは、自分のパーソナリティーの特徴だと認識する必要がある。

コップの中に水が半分入っているときに「もう半分しかない」と不満な人は、今の政治にも不満だし、妻にも不満だし、警官にも不満だし、飼い犬にも不満である。

不倫をしながら夫にも不満だし、不倫相手にも不満である。

すべての不満は深く関係している。

そういうパーソナリティーだということである。

自分の「心の在り方」にしっかり目を向ける

慢性的に不満な人はトータルに物事を見られない。「給料は安いけれどもやりがいのある仕事」というような全体的な判断ができない。「給料は安い」ということに気持ちが集中してしまう。

「上司は自己中心的でわがままで嫌だけど、給料をもらっているのだから、この程度の不愉快さはしょうがないか」とは思わない。常に上司の身勝手に気持ちが集中してしまう。

したがっていつも不満である。その点で社会性に欠ける。社会性に欠けるから周囲からなかなか評価されない。

そこで孤立してさらに不満になるという悪循環に陥る。

そのような人は、自分を慢性的に不満にしているところの「自分の心の在り方」に目を向けない限り、いよいよ不満になるだけである。

実際に自分はそんなに会社に貢献していないのに、貢献していると思い込んでいる人がいる。

実際に自分はそんなに能力がないのに、能力があると思い込んでいる人がいる。実際に同僚がその仕事に貢献しているのに、していないと思い込んでいる人がいる。

自分にできないことをしようとするのではなく、自分にできることをたんたんとしている人は、そのような不満を持たない。

そのような不満を持つ人というのは、想像の中で理想化された自分があり、その想像の中で理想化された自分を現実の企業の中で現実化しようとしているのである。

現実に生きているというよりも、想像の中で生きている。

自分にできることに関心がいくのではなく、自分を理想的に見せることに関心がいく。

そのような神経症的な人の中で最もひどいのが、完全主義者である。

恐ろしい犯罪を行った十七歳の少年たちの不満を考えてみると、彼らの心理はこの基準によく当てはまる。

バスジャックをした少年は「何か不満があるのですか？」という問いに「すべてに不満があります」と答えたという。(3)

不満なパーソナリティーの人は、一つのことが欠けていると、それがものすごく大きなことになる。娘がピアノをうまく弾けないということが、ものすごいことになる。でも朗らかな娘であるということには注意がいかない。

一つの些細なことが、その日を朝から晩まで不満にする。

朝、誰かが約束の時間どおりにこない。そんなことで一日中不愉快な気持ちに悩まされる。

「この神経症的態度によって人々は多くの面で人生を困難なものにしてしまう」(4)とカレン・ホーナイは言う。

生きることそのことが困難なのではなく、生きることを困難に感じるパーソナリティーだということである。

勇気を持って過去に直面し、乗り越える

神経症的要求によって私たちは人生を台無しにする。

そうならないためには「自分の無意識の世界に何があるのか？」を検証することである。

慢性的に不満な人にとって、重要なのは意識の世界ではない。無意識の世界である。

自分は「何がそんなに不満なのか？」と自分の無意識の世界に聞いてみる。

もし無意識の世界に問題を抱えていなければ、コップに水が半分のときに、半分「ある」と思う。

そしてその無意識の世界に影響を与えているのは、持って生まれた性質もあるが、やはり小さい頃からの人間環境である。

「精神分析を通して、次のようなことが発見されている。個人の全体的発達は、幼年期の意識的無意識的感情体験によって、決定的影響を受ける」(5)

フロム・ライヒマンはこう述べたあとで、子どもは自分が依存している人々の親切、友情、そして愛に安心感を持てるだろうかと問いかけている。

そしてもし彼らが支配的であるならば子どもは不安、心配、憎しみを持つだろうと言う。(5) 彼らとは支配的な親のことである。

そしてそれからの残りの人生において、それらを克服することはないだろうと言う。

支配的な親の下で成長することの恐ろしさを、みごとに指摘した言葉である。

人に残されているのは、その恐ろしさをしっかりと理解し、自覚し、立ち向かうしかない。フロム・ライヒマンは、正確に言えば「he may often not overcome」と述べている。絶対に克服できないと言っているのではない。

勇気を持って過去に直面する。

そして乗り越える。

それが幸せへの道である。

同じ体験をして感謝する人、屈辱に思う人

同じ体験をしてもある人は屈辱を感じ、ある人は感謝をする。

もちろん感謝をする人のほうが心は穏やかである。イライラはない。夜はよく眠れる。

では、なぜある人は同じ体験をしても屈辱を感じるのか？

それは過去の隠された復讐心を刺激されたのである。

「忘れたはずの恋でした」という歌のセリフがあるが、不愉快になったときは「忘れたはずの屈辱感でした」ということである。過去の忘れたはずの屈辱感が刺激されたのである。

成長の過程で、いろいろな屈辱感を受けた。無視された、バカにされた、利用された、理解してもらえなかった、感情的に虐待された等々さまざまな屈辱の体験がある。

それらのすべてが本人に意識されているわけではない。

それらの意識されない屈辱感の積み重ねの中で人は生きている。

その積み重ねられた「記憶に凍結された屈辱感」が無意識の領域にある。知らないうちに積み重ねられた屈辱感の膨大な量に人は気がついていない。

「なぜ自分はこんなにも広範な事柄に不満なのか？」

それはおそらく意識されていない屈辱感が原因であろう。

一つひとつを意識していたらあまりにも苦しくて生きていけない。そこで意識から追放しながら生きてきた。つまり膨大な屈辱感を抑圧しながら生きてきた。

しかし、じつは小さい頃にその意識されない屈辱の体験をするたびに、無意識ではきちんと代価を払っていたのである。

アメリカの臨床心理学者ウェインバーグは、「抑圧のおもな帰結は神経症の症状です」[6]と言っている。

そのときにはうまくやり過ごしたと思っても、神経症という代価を払っている。意識の世界ではなんとか困難を乗り越えたけれども、無意識の世界で問題は解決していない。

その結果、日常生活に影響が出る。それが復讐性である。慢性的な不満である。

もちろん本人は、今何かに腹を立てたときに、その本当の原因が昔の屈辱の復讐性とは理解していない。

それに怒るに十分な理由があって怒っていると思っている。本人は目の前の相手がけしからんと思っている。自分が相手の言葉で傷つけられたと思っている。だから自分が相手に怒るのは当然だと思っている。「記憶に凍結された屈辱感」が正義の仮面を被って表れてきたとは思っていない。自分が相手にこんなに怒っているのは、自分の隠された復讐心のせいだとは思っていない。

「記憶に凍結された屈辱感」が問題を起こす

では、そんないい生活をしながら、なぜあれにもこれにも、そんなに腹が立つのか？

あるいはなぜそんなに落ち込むのか？

なぜ、そんなに健康なのに日々感謝の気持ちがないのか？

普通なら「ありがたい、ありがたい」と生活をしているのが当たり前なのに、なぜそんなに怒ったり不愉快になったりと心乱れて生きているのか。

大企業の役員のような人ほど定年後に心理的な問題を起こすという。それは彼らが私生活で問題を起こす原因は、記憶に凍結された屈辱感だからだと私は思っている。

彼らは小さい頃から成績がいいと褒められた。悪いと叱られた。そういう環境の中で、褒められたときに、意識では気持ちがよかったと記憶しているかもしれないが、じつは無意識の領域で起きていることは屈辱感なのである。

それは「報酬としての愛情」でしかないからである。彼らはいい成績を取ったことの報酬として愛された。それは本当の愛情ではないばかりか、愛を搾取されているのである。「純粋な本来の愛は生産性の表現であり、配慮、尊敬、責任、知識を意味している」とフロムは言う。

そういう人は本当の意味で褒められたのではない。自分という存在が受け入れられたのではない。

褒められても「ありのままの自分」は拒否されているのである。それはありのままの自分に対する屈辱である。

「褒められる」のと「煽てられる」のは違う

大企業の役員にまで社会的にのぼりつめた人の中には、自分が社会的に成功しているから受け入れられていると感じている人が多い。

本人は自分の過去を、意識の上で栄光の歴史と思っているが、無意識の世界では、屈辱の歴史なのである。

定年になって大企業の役員という栄光が剥がされたときには、屈辱しかない。周りの人のやることなすことに腹が立って当たり前である。

つまり記憶に凍結された屈辱感というのは、何も小さい頃に直接「おまえはバカだぞ」と軽蔑された体験で生じたものだけではない。

そういう人たちは、小さい頃からありのままの自分には価値がないというメッセージをさまざまな形で受け取っている。

家の手伝いをしたとき、成績がいいときだけ褒められた。それは本当に褒められたのではない。煽《おだ》てられたのである。煽ては搾取の手段である。

形式的には賞賛であっても隠されたメッセージは屈辱である。

勤勉だったら愛してもらえる。ハードワークでないと愛されないと思ったら子どもはきつい。子どものハードワークが親の心を慰める。

自分が今、煽てられているのか、褒められているのかをどこで判断したらいいのか。

褒められていると思っても不安になったら、それは褒められているのではない。煽てられているのである。煽てられれば不安は増大する。

今褒められていても、次に失敗したら失望される。そして失望されたら傷つく。そこで「煽てられた」ときには「褒められた」ときと違って不安になる。

エリートが定年後に問題を起こしがちな理由

役員にまでのぼり詰めた人で定年後に問題を起こす人は、たとえば小さい頃、親から「九十点取れてえらいわね。次はきっと百点ね！」というように言われたのではないか。そして「もっと頑張らなくちゃ！」という脅迫観念を持ったのではないか。

いい成績のときに喜びを親子で分かち合っていない。分かち合っていれば、褒められた心地よさが記憶に残りエネルギーとなる。

役員が定年後に問題を起こす原因の一つは、「記憶に凍結された屈辱」である。

会社で働いているときに褒められたのも皆同じである。

人は、相手のものを取ろうとしたら相手を褒める。人の評価が怖いのはそこである。

定年のときには、家のローンを払い終わっても、心のローンを払い終わっていない。つまり心理的に未解決な問題をたくさん抱えている。

今までの現実逃避や自己陶酔の心の姿勢の代価は大きい。じつは役員にのぼり詰めるまでの過程では不安や孤独や恐怖感に脅えていた。しかしそれを無意識に追い込んで現実に対処してきた。

自らのナルシシズムで現実に対処してきた。現実を見ても見ないフリをしてきた。事実を見たくない。取り繕うことがうまいから、なんとか今まで切り抜けてきた。

表面的にはそれでトラブルは起きなかった。しかし、そのたびごとに心の中では代価を払っている。そこで心の借金が増えているということである。

しかし、実際には今払う能力がない。今、誰にも彼にも怒りを感じている心理状態になっているのは、経済的なことで言えば、借金を重ねて自己破産のような状態である。

体裁を整えることばかりして生きていると最後は悲惨な結果になる。「今がよければいい」ということでいけば、すべての人が不幸になる。

強がっても傷ついた内面はごまかせない

ナルシストは日常生活でも何事でも、自分のことは大事に取り扱ってほしい。自分に注目してほしい。自分を必要としてほしい。そうしてくれないと不満。

自分のことをすごいことにしてくれないと不満。神経症的自尊心もある。つまりすごいことをしていなくても、すごい人として扱ってほしい。

定年で一気にナルシストでなくなるということはない。

世間では定年前の準備と言えば、それは常に経済的なことであった。そこで定年前の心の準備はしていなかった。

定年前の心の準備は、たとえばナルシシズムを解消しておくこと。煽てられても嬉しくないように、心理的に成長していること等々である。

心の準備のない人は、アイデンティティーは役割アイデンティティーしかない。つまり「私は○○会社の部長です」しかない。自我のアイデンティティーはない。周りの人との信頼関係はない。

そうすると定年でアイデンティティーの核が崩れる。それは大問題。

しかし現実を認める勇気があれば、人生の問題は解決できる。若い頃に美人であると賞賛された女性が、高齢になって問題を起こすのも同じである。美人でなくなってきたときに、イライラがはじまる。

若い頃に美人と賞賛されても、無意識の世界で、ありのままの自分には価値がないという価値剥奪の屈辱体験をしている。

いずれにしても、社会的には望ましい環境にありながらいつもイライラして腹が立ってしょうがないという人は、小さい頃から自分の無意識の世界では何が起きていたのかを考えることである。

栄光を得るための努力は、無意識の世界では屈辱という代価を払っていた。それに気がつけば心の世界も変わってくるかもしれない。

「私は無意識に支配されて生きている」と自覚しない限り、周囲の世界がどう変わろうと「ありがたい、ありがたい」とはならない。

その「記憶に凍結された屈辱感」を一つひとつ解凍して生まれ変わるより、幸せになる方法はほかにない。

「悩みは昨日の出来事ではない」

もし解凍して生まれ変われば、成長期に味わった屈辱感に生涯悩まされることはない。

「ああ、あのときに私は、周りの人にいい顔をしたけれども、本当はすごく悔しかったのだ、本当は怖かったのだ」と思い当たることがある。しかしあまりにも悔しくてそれを悔しいと意識できなかった。つまり「悔しい」という感情を抑圧した。

もし「悔しい」と正直に意識したら、あまりにも激しい感情で頭がおかしくなってしまうのが怖かった。あのときには、あの人を殺したいほど憎かった。でもその悔しさを正直に意識するのが怖いから、なんでもない顔をしてやり過ごした。

しかし意識の上で乗り越えた体験も、無意識の世界では乗り越えられていない。それらの体験は無意識の領域では未解決の問題ではある。

あのときの「殺したいほどの敵意や悔しさ」は、その人の無意識の世界では今も生きている。そしてその無意識の感情がその人の今の気持ちを支配している。

「悩みは昨日の出来事ではない」というのはオーストリアの精神科医ベラン・ウルフの名言であるが、それに倣《なら》って言えば「日々の怒りは目の前の出来事ではない」。

今の怒りの原因は、長い間のその人の生き方の結果である。今、他人のちょっとしたなんでもない一言で怒るような人間になるように、今まで長年にわたって生きてきたのである。

欲求不満の塊のような人は、無意識の世界で未解決な体験が多すぎる。

アメリカで集団自殺をしたヘブンズ・ゲイトというカルト集団があった。

彼らは、皆、真面目だけれども憎しみを持っていた。そして社会との対応ができていなかった。それゆえに自殺せざるを得なかった。

彼らは表面的には真面目だけれども、心理的に言えば、その場その場をいい加減に生きてきた。その場その場の問題をきちんと片づけて生きてこなかった。

前の恋愛に始末をつけないで次の恋愛をはじめてしまった。前の部屋を片づけないで次の部屋にいってしまった。前日の片づけのできていない仕事場にまた仕事にいく。

つらいときは自分の心の底を見つめてみる

心理的に未解決の問題が多すぎるから不眠症にもなるし、自律神経失調症にもなるし、うつ病にもなる。

内科的な理由もなく頭痛もするし、吐き気もする。

あるいはギャンブル依存症に苦しめられたり、アルコール依存症に苦しめられたり、さまざまな依存症に苦しめられる。

だから他人の一言で急に不愉快になる。相手の何気ない行動が許せない。相手のすることなすことが怒りの種になる。

人のすることは、何事も好意的に解釈できない。何事も怒りの種になる。

今、欲求不満の塊になって毎日の生活で怒り散らしている。自分の今の怒りは自分の歴史的立場からすれば当たり前のことである。

しかし記憶に凍結された屈辱感は、本人にも他人にも目に見えない。

したがって周囲の人から見れば、その人は単なる欲求不満の塊である。しかし本人から見れば自分は正義の人である。

しかし、どんなに正義の人でも誰もついてこない。まさにカレン・ホーナイの神経症者の定義のごとく「孤立と栄光」である。

「孤立と栄光」に陥ったときには、「私は無意識に深刻な問題を抱えている」と思って、自分の心の底を見つめてみることである。

どんなに本人が正しいと思っても周囲の人から見れば身勝手、ひとりよがりである。

その周囲の世界と自分の感情とのギャップは乗り越えがたく大きい。その原因は「記憶に凍結された屈辱感」である。

「誰もわかってくれない」と嘆く人へのアドバイス

慢性的不満な人にとって、自分は自分が考えている自分ではない。

私はある人の手記を読んで驚いたことがある。その人は周囲の人から見ると、なまけ者でどうしようもない人である。勉強もしない、仕事もしない。最後はアルコール依存症になった。

その人が酔っぱらって駅のホームから落ちて事故を起こして足を失った。足を失って施設に入り、もう社会的に働くことはない。

その人が日記をつけていた。その日記になんと書いていたか。ここではもう働くことはないが、自分は「働くだけ働いた」。十分働いたので「もういい」と書いていた。

本人は「働いた」と思っているが、周囲の人から見れば単なるなまけ者である。

神経症的要求の要素の一つは、カレン・ホーナイによれば「それにふさわしい努力をしないで、それを要求する」ということである。日常用語で言えば、図々しいなまけ者ということであろう。

その人は、周囲の人から見ると好き勝手をしていたと映っていたかもしれない。しかしその人の心の中では「頑張って、頑張って」生きてきた。「耐えて、耐えて」生きてきた。

こういう人は、カレン・ホーナイの言う「不満な中でも広範な要求は際立っている人」である。まさに欲求不満の塊の人の要求は、広範な要求なのである。「あれも、これも」である。周囲の人から見れば、その要求はあまりにも欲張りでしかない。

しかし本人から見れば、その要求が通らなければ不公平に扱われているのである。

「私は被害を受けた」のである。

じつは被害を受けたのも、不公平を体験したのも、昔々の話なのである。本人はその昔の体験を現在の体験に投影しているだけである。

だからコップに水が半分入っていても「半分しかない」と不満になる。

こういう広範な要求が際立っている欲求不満な人に「『ある』ほうに注意を向ければ幸せになれる」と言っても意味がない。

言っているアドバイスの内容は正しいかもしれないが、なんの意味もないアドバイスである。

そのことが理解できないから本人からしてみれば「誰も私のことをわかってくれない」のである。たしかに誰もその人の愛情飢餓感をわかっていない。

つまり誰もその人の過去の苦しみを理解できないからである。

たしかにその人の物事の今の感じ方の枠組みがつくられたのには、きちんとした理由がある。

その人の感じ方からすればたしかにその人は被害者なのである。しかし社会的に見れば加害者である。

人間関係のトラブルが絶えない理由

今の体験の心理的な枠組みを作ったのは、その人の成長期の体験である。昔、昔の話である。その昔、昔の体験が「全生涯にわたって影響する」[5]とフロム・ライヒマンは言う。

だから現在の体験がどんなに恵まれていても不満である。どんなにすばらしい人に囲まれていても怒りを感じている。

要するに恵まれた環境にいながら欲求不満の塊の人は、現在に生きているのではなく、過去に生きているのである。周囲の世界は変わったが、その人の心は変わっていない。

人の心は過去と想像に影響される。しかし本人は現在と現実の中で生きていると錯覚している。だから人間関係のトラブルは絶えないのである。

フロム・ライヒマンはいかに人間が幼児期に影響されるかということを書いた箇所で、「フロイトは、子どもの成長と発達を妨害する両親たちの、厳しすぎる権威への子どもの恨みと憎悪を軽視している」[7]とフロイトを批判している。

フロイトでさえも子どもの憎しみのすごさを理解できなかったということである。支配的な親の期待と衝動に沿って成長したものは自己実現できていない。そして自己実現できないことの怒りは、人々の想像を超える根強いものがある。

しかも自己実現していないことからくる憎しみは、漠然としているがゆえにきわめて意識しにくいものである。たとえば、人への憎しみなどは無意識のメカニズムを理解すると意識化しやすい。

人から虐待されたとか、侮辱されたとかいう直接の行動に対する憎しみは、いったん無意識に追いやられても、時が経つに従って意識化しやすい。

自己実現できなかったことに対する怒りは無意識に追いやられたままで、長くその人への影響を保持し続ける。

たとえば大人になってからの日常生活でも、心理的に普通の人を支配者にしてしまう。

妻の許しを得なければ何もできない夫のような人である。妻に昔の支配的な親と同じ役割を持たせてしまう。

この「過去の支配」の中で、弱い人として今を生きていればトラブルは避けられない。しかし本人が忘れてはならないことがある。それは、自分はそのひどい人間環境で、今日まで生き延びたのである。それは信じがたい強さである。この程度のトラブルでよかったと思ってよい。もっと破滅的なトラブルがあっても不思議ではない。

自分の中にある「強さ」も忘れてはならない

支配的な親の下で成長した人は、ここまで生きられた自分の強さを忘れてはいけない。この悪環境で生き延びたのは、逆境に負けない強さがある人間である。アメリカの心理学者ダニエル・ゴールマンは言う。

「破壊的な心的外傷を受けた人は、生物学的に決して二度と元に戻らないと言う学者もいる。それは子ども時代に繰り返された恐ろしい経験であるか、一度の強烈な恐怖であるかを問わない」[8]

支配的な親に育てられた子どもは、脅えた大人に成長するだろう。人を信じることができない大人に成長するだろう。

それなのに、とにかく今までなんとか社会的に適応しながら生きてこられたことは、ものすごいことなのである。

自分の力ではどうすることもできないストレスは、すべての脳に同じ生物学的インパクトを与える。支配的な親は、子どもにとってまさに自分の力ではどうすることもできないストレスである。その影響力のものすごさを本人は自覚していない。

このようなストレスで子どもの五感は破壊されている。匂いのない世界に子どもは連れていかれている。被害者にとって事件は主観的には克服しがたいものになる。

周りの人は「まだそんなこと引きずっているの」といぶかしがるかもしれないが、自分の力ではどうすることもできない幼児期のストレスはそんな生やさしいものではない。

多少おかしな人間になっていてもしょうがない。それは受け入れる。

会社の上司が支配的でも部下は逃げることはできる。しかも四六時中一緒にいるわけでもない。しかし子どもは支配的な親から逃げることはできない。

支配的な親に耐えたということは、会社の嫌な上司に耐えたなどというレベルのものではない。それに耐えて今日まで生きてきた自分のエネルギーはすごいことである。自分に自信を持っていい。

今、自分の心が弱いのは当たり前である。違った親の下で成長したら、ものすごく強い心を持った大人になっていたに違いない。

他者と心を通わせる方法

ある失恋で、無意識にある小さい頃の「拒絶の恐怖感」が刺激される。ある出来事が幼児期の「孤立と追放」の恐怖を刺激する。

そこで大人になっても絶対の安心を求める。これが「すべての悩みがなくなるような力を求める」人である。

問題はこの幼い頃の孤立感が、大人になっても容易に消えていないことである。

大人になって親しい人ができても、心の底で「私たち」という帰属意識を持てない。

この基本的不安感は、人が自分の本当の感情で他者との関係をつくるときに障害となる。

望ましい環境で成長しないと、人は「私たちという感情」の代わりに基本的不安感を抱く。これは「誰ともつながっていない」という感覚である。

基本的不安感は、自分の自発的な感情から他人とつながることを妨げる。

基本的不安感は自分の心の中の問題ばかりではなく、他人にどう接するかということに影響してくる。

その国の外交政策が国内事情に影響されるように、個人の他人との関係は、その個人の心の葛藤に影響される。

自分の心の中の不安と向き合うことが、他者と心を通わせる方法である。しかし基本的不安があると、これがなかなかできない。

心理的に健康な人は、他者との健康な関係を築けるが、心理的に不健康な人は、不健康な人間関係しか築けない。

そして心理的におかしな人の周りには、どうしても心理的におかしな人が集まる。典型的な例がカルト集団である。アルコール依存症の夫と離婚した女性は、五十％の確率でアルコール依存症者と再婚する。(9)

自分を捨ててまで人に好かれる必要はない

「記憶に凍結された屈辱感」を解凍しない限り、死ぬまで現在を生きられない。

社会的に恵まれていても、心がちょっとでも満たされないときには過去の不満が出てくる。

「記憶に凍結された屈辱感」があるということは、望ましい人間環境の中で成長していないということである。

ということは、まだ甘えの欲求が解消されていないということでもある。

つまり「あれ」をしてほしい、「これ」をしてほしい、「こう」言ってもらいたい、「ああ」言ってもらいたい等々の欲求が激しい。

しかし大人になれば周囲の人はそう期待したように動いてくれない。そこで他人の一言一言に傷ついている。

たとえば、夫に甘えられない妻は夫の言動に傷つく。でも嫌われるのが怖いから直接に怒れない。甘える気持ちと怒りとが自分の中で激突する。

この激しい感情の激突でエネルギーを消耗する。そして子育てに疲れる。

好かれたい、愛されたい、褒められたいから自分の本性を裏切る。女の子が、父親に気に入られようとして野球をして男の子になろうとする。

自分のしたいことをして嫌われるのが怖いから、自分を裏切り続ける。その結果、自分にも相手にも憎しみを持つ。

この憎しみは意識されることなく無意識へと追いやられる。

自己喪失しているような人には、なかなか相手に対する怒りは自覚できない。

人との対立は自分を裏切って、相手に取り入ることで解決しようとする。そのたびに幸せになる能力を喪失していく。具体的には何もしないのに疲れはてる。

社会的にうまくいっても、心は代価を払っている。その結果ノイローゼになる、偏頭痛がする、うつ病になる、依存症になる、不眠症になる、頻尿になる、体調を崩す。

人との対立は自分を裏切って、相手に取り入ることで社会的に解決しても、心の借金はどんどん増えている。心の世界ではどんどん貧しくなっている。

借金は心の世界の借金と、現実の世界の借金と二つあることを忘れてはならない。

第4章

「それでも」幸せな人になるためのレッスン

やはり自信が持てない、でも大丈夫

「不幸を受け入れる」ことからすべてはじまる

支配的な親に育てられていれば、その人は大人になっても「世話してもらいたい、慰めてもらいたい、あやしてもらいたい」という欲求が激しい。

しかし大人になったら、その欲求は叶えられない。そこで激しく傷つく。

あやしてもらいたいという幼児的願望が強ければ、ちょっと何かを注意されてもひどく傷つく。怒りがこみ上げる。

日常生活でもいつも心が傷ついている。いつも心が動揺している。いつも疲れている。

日常生活で何か些細なことを体験すると、その結果、今現在の脳の中にある傷ついた過去の心を再体験してしまう。

どうしても「ない」ほうに注意がいき、「ある」ほうには注意がいかない人は、二つの問題を抱えている。

一つは「記憶に凍結された屈辱感」が常に刺激されて傷つき不満になる。次に、甘えの欲求が満たされていないので、常に心理的に不満になる。

こうした二つの原因から、そういう人は欲求不満の塊になる。

そうなったときには外側の世界がどのように恵まれていても、毎日は地獄である。

そうなればコップの水が半分あるときに、あるほうには注意はいかない。

つまり不幸を受け入れるということは、欲求不満の塊のような人にはなかなかできないことである。

不幸を受け入れられない人は現実から逃げている人である。不幸を受け入れられる人は現実と向き合っている人である。

人が現実の世界で幸せになるためには、不幸を受け入れるしかない。しかし、幸せな人しか不幸を受け入れられない。

この矛盾を解決するのが、無意識を意識化することである。幸せになるためには無意識にある感情を意識化して、時間をかけて溶かしていくしかないが、焦らない。何十年もかけて溜まったものである。そう簡単に溶けるものではない。

「人のために何かする」のがなぜ心にいいか

「人は抑圧したものに支配される」というフロイトから、アメリカの臨床心理学者ジョージ・ウェインバーグにいたるまでの主張を肝に銘じるべきである。

独裁国家ではない今の日本でも、広範な範囲にわたって欲求不満の塊の人は、このままでは死ぬときに人を恨み、世を恨んで死んでいく。

今はもう客観的には何も恐れることはない。それを頭でしっかりと理解する。ただ主観的に「恐ろしい」だけである。

殺したいほど悔しかったことを一つひとつ意識化し、吐き出す。「殺したい」と紙に書いてもいいし、林の中で一人になって声に出してもいい。

それだけで怒りは消えないから、その悔しさのエネルギーを生産的な仕事に振り向ける。

どんなことでもよい。人のためになることをするエネルギーに変える。

それは単なる攻撃性の置き換えではないかと思うかもしれないが、そうではない。

きちんと意識してそれをするのと、意識しないままに無意識に支配されて動いているのではまったく違う。

「恨みを晴らしてやる」と意識しながら仕事をするのと、無意識の怒りに支配されて働くのでは違う。

無意識の怒りに支配されているときには、意識の上では怒りは変装している。たとえば「皆のためにこんなに働いている」と思っている。

無意識の怒りは「人のために」というような愛情に変装して表れる。

今の広範な範囲の不満を乗り越えるのに、愛や正義の仮面を被ったままで頑張ってしまったら、そこで人生は行き詰まる。死ぬまで苦しむ。

他人に期待するのをやめる

不幸を受け入れられない人は、人からあまりにも多くを求め過ぎる。それはナルシストとか神経症と言われる人たちも同じである。

ある人がナルシストであるかどうかの判断基準というのがある。[1]

その一つに「私は他人に多くのことを期待する」（＝I expect a great deal from other people）というのがある。

他人に何もかもを期待していれば、百のことをしてもらっても、「あの人から百のことをしてもらった」とはならない。「あの人は二百のことをしてくれなかった」となる。

人に頼りはじめたときに、私たちは人を責めはじめるのである。

私たちはあまりにも他人に期待し過ぎるので、何をしてもらっても不満になる。あまりにも多くを他人に期待する。

他人に期待することをやめれば、「あの人から百のことをしてもらった」ということがわかってくる。周囲の人の思いやりにも気がついてくる。

周囲の人の思いやりに気がついてくると、心の安定が得られる。

心の安定が得られないのは、カレン・ホーナイが言う「神経症的愛情要求をする人」もそうである。

神経症者は「これだけのことをあの人は自分にしてくれた」と考えないで、あの人は自分に「このことをしてくれなかった」と考える。

神経症者は、自分を助けてくれ、自分を称賛してくれ、自分を褒めてくれ、自分の利益になることをしてくれ、自分を守ってくれ、自分の名誉を増大してくれ、自分の評判をよくしてくれ、自分の人生の困難を取り除いてくれ、と他人に期待している。

彼らは何もかもを他人に期待している。何もかもを他人に頼っている。

神経症者にとって他人は母親である。幼児が母親に求めることを、神経症者は他人に期待している。

これが母親から愛されなかった人の持つ決定的な弱点である。

フロム・ライヒマンが述べるごとく、支配的な母親の愛の欠如は生涯残るかもしれない。そして、その人を他人に対して依存的にする。そして生涯、自分にも他人にも不満になる。

幼児が母親に何かをしてもらっても感謝しないように、神経症者も他人に何をしてもらっても感謝しない。

神経症者は、要するに「あなたは、お菓子を食べないで私にくれ」ということである。神経症者が、もし他人に頼らないで自分で生きようと思えば、他人の愛情に気がつく。

神経症者の悩みは解決を目的にしていない。

悩みを訴えて、愛を求めているだけである。だから人が相談に乗れない。相談は愛を求める口実に過ぎない。

心理的に健康な人の悩み相談は、解決することを求めている。だから相談に乗れる。

「今の自分」のプラス面をよく見る

幸せでない人は、自分がどんなに恵まれていても、今自分が有り余るほど持っているということに気がつかない。

たとえ気がついても、有り余るほど持っているものに意味を感じない。だから大富豪が自殺するのである。だから最高権力者がアルコール依存症になるのである。

幸せになれば気がつくのだが、幸せではないから恵まれていることに気がつかない。幸せになれば自分が恵まれていることに気がつく。

不幸になると他人が自分より恵まれていることが妬ましくなったり、自分を酷使して無理をして頑張り過ぎてノイローゼになったりする。

人は恵まれているから幸せになるのではなく、幸せになるから恵まれていることに気がつくのである。

人は欲の皮が突っ張っているから不幸になるのではなく、不幸だから欲の皮が突っ張っている。

不幸な人の欲の皮には見境がない。どこまで満たされても不幸である。

人が幸せかどうかはその立場によるものではない。

それぞれの立場には、それぞれのプラスとマイナスがある。

田舎には田舎住まいのプラスとマイナスがあるし、都会には都会住まいのプラスとマイナスがある。

ポーランドの哲学者であり、美学者であるタタルケヴィッチは次のように書いている。

「若者には、老人にはない喜びがあるけれども、また、老人にはない特有の悩みもある。男と女の人生についても、また田舎と都会の暮らしについても、これと同じことが言える」

気楽なお金持ちはいるか？

少ない。

幸せな人は、自分の立場のプラス面を見ているだけである。

幸福の「トップダウン・セオリー」とは？

神経症者は逆になる。他人の持っているプラスと自分のマイナスを考える。

幸せな人は、自分の持っているプラスと他人のマイナスを考える。

ダイエットで苦しんでいる人は今ではべつに珍しいことではない。メタボリック・シンドロームなどという言葉が流行するくらいだから、逆に肥満で苦しんでいない人のほうがめずらしいというくらいである。

つまり同じ日本でも、われわれの年代のものが小さい頃のように食べるものがなくて苦しい時代もあれば、肥満で悩む時代もある。

食べ物がない時代は、食べるものがありさえすれば何もいらないと思う。

しかし食べるものが豊富になれば、今度はやせるために我慢する人が出てくる。

同じことで、お金がなければ「お金さえあれば」と思う。しかしお金があればあったで悩むことも出てくる。

しかしお金がなくても幸せだし、お金があっても幸せな人もいる。水を飲んで笑う人は、錦《にしき》を着て憂える人にはならない。

それが幸福論の「トップダウン・セオリー」というものである。

問題は心。よく何かの仕事をうまくしなければならないと悩んでいる人がいる。「うまくしなければならない」というのは、その人の内的強制である。

事実として「うまくしなければならない」ことはない。その人が「うまくしなければならない」と一人で思い込んでいるだけである。それが内的強制である。

外側の事情がその人にそれを強制しているわけではない。その人の心がそうしないではいられないのである。内的強制とは強迫性のことでもある。

つまりその人が「そうしなければ、自分の気が済まない」。

そうした強迫性は、自分が安心するための行為なのである。不安な人はまず安心したい。

不安な人はまず幸せになりたいのではない。まず安心したいのである。したがってすべての行動が、自分が安心するための行動になる。

だから人は不安と不幸の選択において不幸を選ぶ。不幸よりも不安のほうが恐ろしい。外に女がいて、暴力をふるっている夫と離婚しない妻を見ればわかる。人が根源的に求めるのは幸せではない。安心と信頼である。

人は安心するとプラスに眼がいく。ある人が明日の仕事を考えて眠れなくて、薬で安心したら明日の仕事ではなく、自分の可能性のことを考えたという。

学歴も、お金も、結婚も、幸福の本質とは関係ない

うつ病の人は、自分に欠けているものを自分の幸福に本質的に必要と考えると、アー

ロン・ベックは述べている。

学歴がないことが不幸なのではなく、不幸だから学歴がないことが重大なことに考えられる。

お金についても、結婚と子どもについても同じである。

不幸な人は「これがないから不幸だ」と考える。しかし不幸だから「これがないこと」が気になるのである。

うつ病者も、不幸だから「それがないことが不幸だ」と考える。人は自分が不幸だから「これがないから私は不幸」と考える。しかしこれは違う。

人は大学不合格で不幸になるのではなく、不幸だから大学不合格が心理的にこたえるのである。所属感が欠如しているから、大学不合格が心理的打撃となる。

言い換えれば、依存心が強いから大学不合格が重大な問題になる。

大学不合格で不幸な人は、たとえ合格していても不幸である。合格して幸せな四年間を送れない人はあまりにも多い。

不合格で不幸な人は、不幸なパーソナリティーなのである。そういう人はたくさんのいいことがあっても不幸である。

不合格で重要なことは、その人の人間関係の中で、不合格を体験したということである。不幸な人だって違った人間関係で不合格を体験すれば、不合格の意味はまったく違った。

合格して幸せな四年間を送れる人は、不合格でも幸せである。

幸せか不幸かは合格するか不合格になるかではなく、依存心が強いか自立心が強いかである。自分の属する集団への所属感があるかないかである。

「今の人間関係」にしがみつくのはやめよう

不合格になって落ち込んでいる人は、自分は不合格だから落ち込んでいると考える。

自分の抑うつ的気分を不合格という事柄と結び合わせて理解する。

そして合格すれば幸せになれると考える。

しかし不合格で抑うつ的気分になる人は、合格しても幸せにはなれない。瞬間喜ぶだけである。すぐに不幸になる。

不合格で抑うつ的気分になる人は、合格ではなく、今の人間関係を整理すれば幸せになれる。

今の人間関係を整理しなければ、幸せにはなれない。過去を整理しなければ、幸せにはなれない。

今、自分にとって重要な他者から離れて、ありのままの自分を受け入れてくれる人との人間関係ができれば、やがていつの日か幸せになれる。

大切なのは合格するか不合格になるかではなく、今、自分が属している集団に所属感があるかないかである。所属感がなければ合格しても不合格でも不幸である。

そして今の人間関係にしがみついているのは、その不幸な人の強度の依存心の結果である。

つまり強度の依存心が今の不幸の原因であって、不合格が今の不幸の原因ではない。

所属感の欠如が不合格を不幸な体験にしているだけである。

失敗して傷ついた人は、失敗という体験で傷ついたと思っている。しかし失敗しても失敗したこと自体で傷つくことはない。失敗は単なる中立的な体験である。

失敗したときの、その人の過去の人間関係が問題である。どのような人間関係の中でその人は失敗したのか？

生まれてからどのような人間関係の中で生きてきたのか、それが問題である。

失敗して傷ついた人も、もし違った人間関係の中で失敗していれば、同じ失敗は違ったものとして受け取られているはずである。

心をすり減らしている限りうまくいかない

失恋でも不合格でも、もし違った人間関係の中で体験をしていれば、それはまったく違った体験になる。

一つひとつの事件が尾を引くのは、その遠い昔の事件が、そのときの社会的枠組みの中で起きて、その枠組みにいまだにとらわれているからである。

「もういい加減に忘れてもいいのではないか」と周りの人は思う。しかしその人は忘れられない。その事件がその人の今の感情、今の不愉快だとか不満だとかいう感情にまで影響力を持ってしまう。

たとえばあるときに家族に助けを求めた。断られた。それは単に「断られた」ということではない。家族という社会的枠組みに対する信頼感の喪失である。

今、若いのに心底消耗しているのは、受験勉強で消耗しているのではなく、ありのままの自分を受け入れてくれない人に、気に入られようと努力しているから、消耗しているのである。

ありのままの自分を受け入れてくれない人との関係を切って、自分にとって望ましい人間関係をつくり、適切な目的を持って頑張っていれば消耗はしない。

自分の今の不幸の原因を正しく理解しない限り、死ぬまで幸せにはなれない。努力しても、努力の成果が裏目に出る。

「自立」なしに人の幸せはありえない

具体的に起きたことと、自分の幸不幸とを結びつけるのは間違いである。

幸せな人は溝に落ちても幸せ。

ジャンボ宝くじに十年間続けて当たっても不幸な人は不幸。

不幸なパーソナリティーというのは自己蔑視したパーソナリティーである。依存心の強い人のパーソナリティーである。無意識に問題を抱えた人のパーソナリティーである。

小さい頃から、自分にとって重要な他者から認められていない。そして「こうなれば幸せになれる」と思う。

しかし「こう」なっても幸せになれない。

「こうなる」ことが自分にとって重要な他者から認められることだからである。つまり本当の意味で自立していない。

オイディプス・コンプレックスが解決していない。母親にとらわれている。

「無力と依存性」は人間の宿命。それが心の苦しみの原点。したがって自立なしに人の幸せはあり得ない。

幼児だけが無力なのではない。心理的には大人も同じである。エーリヒ・フロムの言うごとく大人も、確実性と防衛と愛情を与えてくれる力を狂気のごとく求めている。実際の母親でなければ母親代わりの人を求める。

「確実性と防衛と愛情を与えてくれる人を狂気のごとく希望することよりも、より自然なことが人間にありえようか？」[2]とフロムは言う。

人間の「無力と依存性」という宿命を乗り越えるのが自立である。それはたとえばオイディプス・コンプレックスの解消である。

世界の富を独占しても心理的自立に失敗すれば、不幸である。どんなに成功しても不幸な人は不幸だ。

それは「無力と依存性」という人間の宿命から解放されていないからである。

霞が関のエリート官僚等の自殺は、「無力と依存性」という人間の宿命を乗り越えられなかったことが原因だろう。社会的に成功しながら自殺するまで苦しんだ。

自立すれば心の苦しみからは解放される。しかし、それは現実の苦しみの解放を意味しない。現実の苦しみと心の苦しみは別である。

「過去の悪影響」から自分を解放する

じつは十分に愛されないで成長した人の心の底には恐怖感がある。生きていることが恐ろしいのである。

そして何よりもこの恐怖感が、その人の心に与える影響は深刻である。

恐怖感を持ちながら成長すると、自我の確立がない。自分の欲求をコントロールできない。あとさき考えずに行動をする。

それよりも何よりも大きいのは、恐怖感のある人は人が嫌いになることである。よく「深刻な劣等感のある人は人間嫌いだ」と言われる。たとえばオーストリアの精神科医ベラン・ウルフなどである。

その理由は恐怖感である。「劣等感と恐怖感」とは同じコインの表と裏である。

普通に考えても、恐怖感のある人が人を嫌いであるということは理解できるであろう。

しかし、この人間嫌いが日常生活に与える影響は計り知れない。人間嫌いの一つの特徴は、人とスムースにコミュニケーションできないことである。

この日常生活に影響を与えている恐怖感は、もちろん本人には意識されていない。

しかし人が恐ろしいからこそ人は臆病になる。

人は好きこのんで臆病になるのではない。太古の昔、獣に襲われるのが怖くて警戒心が強いのならわかる。しかし、ライオンに襲われる危険がない現在でも、人は何かを恐れ、警戒心を持つ。

なぜ対人恐怖症になる人がいるのか？

なぜ人は恥ずかしがり屋になるのか？

もしこの恐怖感がないとするなら説明がつかない。人とコミュニケーションできれば、恥ずかしがり屋にも対人恐怖症にもならないだろう。

これらの人は、人と楽しく暮らすことはできない。楽しく食事もできない。協力して人と仕事をすることもできない。人が嫌いなのであるから。

この恐怖感こそ、人の一生であらゆる場面に影響を与える。この隠された恐怖感こそ、人の人生が幸せな人生になるのか、不幸な人生になるのかに決定的な影響を持つ。

人間の心の苦しみの源は、小さい頃の親子関係にある。その後、それぞれの人が異なった人間環境の中で成長する。中には少年少女の頃によき指導者に出会う人もいれば、さらにひどい人に出会う人もいる。

過去を見つめて、分析し、今の自分を正しく認識する。それによって過去の悪影響から解放されていく。

それが、それぞれの人に課せられた運命的努力である。

「人の輪」に入っていけない人の心理

ある人が楽しそうにしている。楽しそうにワイワイと仲間と酒を飲んでいる。「自分もあのようになりたい」と思う。でも、なれない。

その「なれない」原因は、無意識にある恐怖感である。人が嫌いなのであるから。そして、そんなことをしていると重要な他者から承認を得られないと思うからなのである。だから、その重要な他者から心理的に独立できない限り、幸せにはなれない。死ぬまで不幸なままだ。

人は自分を根拠に行動できるようになってはじめて幸せになれる。自分を頼りにできれば、先に書いた恐怖感は劇的に薄らぐ。

楽しそうに仲間とワイワイとできないのは、心の底に恐怖感があるからである。その人が人とふれあえないまま育ってきているからである。それが不幸なパーソナリティーである。

暗い顔をして食事をしている人がいる。そんな人に「食事ができることは幸せなこと。健康だから食事ができるのだから、食事ができることに感謝をしなさい」と言っても効果は期待できないであろう。

暗い顔をして食事をしている人に、健康で食事ができるのだからありがたいと思わなければとアドバイスしても意味がない。

幸せな人だからこそ、「こうして食事ができること」に感謝をするので、逆ではない。今が不満で、「こうなったら幸せ」と思っている人もいる。しかし今が不満な人は「こうなっても」幸せにはなれない。

もちろんこのようなケースが、すべての不幸の過程に当てはまるわけではない。

何かの出来事がきっかけで抑うつ的気分になることはもちろんある。

たとえばうつ病になって回復できないというのではなく、ある出来事がきっかけで抑うつ的気分になる人もいる。「神経症的抑うつ反応」と言われるような言葉もある。(3)

精神病的うつ病と神経症的抑うつ反応の違いについては議論のあるところである。つまりそれは程度の違いか、そうではないかである。アーロン・ベックなどは程度の違いと考えているようである。(4)

失業をきっかけに神経症的抑うつ反応を起こす人ももちろんいる。治療すれば治るし、新しい職業を得ることで治るかもしれない。つまり外側の変化で治るということである。

ただ薬で治るのは症状であって、もとのパーソナリティーが変わるわけではない。

またすべての人が、失業を契機に神経症的抑うつ反応を起こすわけではない。

つまり失業は、すべての人に同じような反応を起こすわけではない。

それはその人の今までの人生の中での失敗体験に、周囲の人がどう反応したかによって、その人の失敗の意味づけが出来上がっているからである。

したがって同じ失敗にすべての人が同じように反応するわけではない。その人によって失敗についての感情的記憶の蓄積が違う。

失業を契機に神経症的抑うつ反応を起こした人は、あくまでもその人の性格特徴ゆえに神経症的抑うつ反応を起こしたのである。

「不公平だ！」が苦しみを倍増させる

旧約聖書の「創世記」第四章にアダムとエヴァが子どもを生む話がある。兄カインと弟アベルである。

兄は土を耕し、弟は羊を飼う。二人はエホバの神に供え物をする。そのときに神はアベルとその供え物には顧みた。しかしカインの供え物は顧みなかった。カインは弟アベルを野原に誘い殺す。

カインは弟殺害の罪を背負って地上の放浪者になる。ここでは兄弟という近さが問題である。

ときに嫉妬とその抑圧が、その人の一生を決めることがある。

神のしたことをカインは不公平と思っている。自分の要求が実現されないと不公平だと思っている。兄のカインは大地を持っているのに、何を基準に不公平と思っているのか。何を基準に自分は劣っていると思っているのか。

それは自分の世界観である。どちらかと言えば大地を持っているほうがいい。だから、大地を持っていないものを褒めることで公平になる。

大地をもらったのだから、本当の財産を持っているのは兄のカインである。だから神は弟を褒める。カインはその行為だけを見て、嫉妬した。嫉妬は自分を知らない人が悩む感情である。

弟の羊飼いは、緊張と努力を必要とする。カインはそれがわからない。

カレン・ホーナイは、「それを不公平と思えば困難は十倍になる」と言う。もとの苦しみが十であっても、それを不公平と感じる人は、百の苦しみにしてしまう。「なんで私だけがこんなに苦しいのだ」という感じ方が、その苦しみを何倍にもする。兄カインと弟アベルの物語は、嫉妬の感情がいかに重大であるかを表現している。

この物語は何を意味しているか。兄のカインがいかに神から注目されたかったかということである。神から注目されないということが、カインの基本的欲求の不満である。

この基本的欲求の不満があると、自分の方が外側では恵まれていても、その恵まれた環境が不満になる。

要するに何もかもが不満なのである。不満になることがおかしいことなのに不満になり、憎しみにとらわれる。自分は今、基本的欲求が満たされていないから不満なのに、「このこと」で不満になっていると思い込んでいる人は多い。そして道を誤る。

私が言いたいのは、うつ病になることと現実の苦しみとは無関係だということである。今の状態に不満な人は、この現状が変わってもやはり不満であろうということである。

日々を「小さな楽しみ」で満たす

アメリカで『感情革命(The Emotional Revolution)』[5]という本が出版された。

その中に、幸福な人々の習慣として、日々の小さな出来事の楽しみを持っているということを述べ、さらに次のような話が紹介されている。

うつ病者は自分の仕事が悪いとか、結婚生活が不幸だとか、経済状況が困難だとか、自分のうつ状態にいろいろとりっぱな理由を言うが、抗うつ剤を飲ませて調子がよくなると、同じ状況でも、言うことは違って「この仕事は悪くはない」「経済状態はなんとかやっていかれる」「結婚生活の未来は明るい」と口にする。

その人の悩みには現実の苦しみが関係しているとしても、それをそこまで悩む原因はその人のパーソナリティーである。そこまで苦しむのはその人のパーソナリティーである。

不公平と感じると困難を十倍にも感じてしまうのは、その人のパーソナリティーである。今、その人が感じている苦しみ、それは苦しみそのものが原因ではなく、その人のパーソナリティーが原因である。

うつ病者の認識の特徴の一つに「選択的要約」というのがある。

仕事全体を上司から褒められている。しかし「もう私の手紙の余分なコピーは続けな

くていい」と厳しく叱られると、上司は私の仕事に満足していないと感じてしまう。(6)

先に書いた「慢性的に不満な人はトータルに物事を見られない」というのもこのことである。

なぜうつ病者は「選択的要約」をするのか？

それはうつ病者の心のベースが不満だからである。

うつ病者は自己実現して生きてこなかった。欲求不満な人は、自分のいる状況を楽しいとは感じられない。周囲の人が嫌いである。そうした環境の中で相手の言葉を解釈すれば、否定的な部分を取り出してきて、全体を解釈するというのはうなずける。

うつ病者の心は幼児のように愛を求めている。そんなときに、褒め言葉以外の言葉はきつい。

そうなれば、褒め言葉以外の言葉は批判の言葉に感じられる。そしてその言葉で全体を解釈する。百を求めている人に、八十を与えれば、二十足りないと思うだろう。

うつ病者がなぜこういう認識をするのか。それはうつ病者が不幸だからである。基本的欲求が満たされていないからである。

ポーランドの哲学者タタルケヴィッチは「取るに足りない不愉快な出来事が、幸福を台無しにすることもある」と言う。

ちょうどこれと同じで、「幸福は、大きな喜びから影響を受けるのと同じように、人生の小さな満足感からも影響を受ける。つまらない出来事が引き金になっている、という意味において、事実、いくつかの喜びは、基本的につまらないものだ」と言う。

取るに足りない不愉快な出来事で、幸福を台無しにするのが心の底に憎しみを持っている人である。悩みの遺伝子を持っていたり、屈辱感で傷ついた過去を持っていたりする人たちである。

自分の今現在の日常生活からどんなに不愉快な出来事をなくして幸せになろうとしても、幸せにはなれない。取るに足りない不愉快な出来事で不幸になるのだから、手の打ちようがない。

逆に人生の小さな満足感から幸せになる人が、楽天的な人たちである。無意識に憎しみのない人である。

「正しい努力」を選択する

「きわめて重要な経験よりもささやかな幸福のほうが、より大きな喜びの源になることもある」

これが楽天的な人たちである。

心の底に憎しみのない人である。意識と無意識の乖離がない人である。

「ささやかな幸福に真の喜びを感じるというのは、よくあることだ」とタタルケヴィッチは言う。

こう感じるのは無意識に深刻な問題を抱えていない人である。

シーベリーも、タタルケヴィッチも、セリグマンも、アドラーも、仏教も皆同じである。洋の東西を問わず、言葉は違っても、無意識に憎しみのある人は幸せにはなれないと説いている。

古今東西を問わず先哲は、言葉の表現は違うが、「幸せになりたければ意識と無意識の乖離をなくしなさい」と説いている。

生まれついて富んでいる人よりも、貧しい環境に生まれて努力して豊かになった人のほうが幸せである。

努力が報われるか、報われないかが幸せには重要である。(7)

逆境に生まれて頑張って心理的に成長した人のほうが、もともと心理的に恵まれた環境で成長した人よりも幸せである。

幸せになれるかなれないかは、自分の努力が有効であるかどうかが問題であるとセリグマンは言う。努力しても何も事態は変わらないという絶望感が人を不幸にする。

自分の努力は、幸せと不幸とは関係ない、成功と失敗とは関係ない。(8) これでは人は努力する気にならない。

努力しないで成功する方法という内容の本が巷にはあふれているが、その内容は不幸になる方法である。

豊かな時代でも不幸な人は不幸。大切なのは豊かな社会か豊かでない社会かではなく、努力が報われる社会か、報われない社会かである。

そして人間の努力は、方向を間違えなければ報われる。ただ方向を間違えると悲劇になる。

「現実の苦しみ」と「心の苦しみ」を混同しない

悩んでいる人の中には具体的なことが何もないのに、「経済的にやっていけない」「将来が不安だ」だとか言う人がいる。

事が起きていないのに一人で悩んでいる。

自分が人を嫌いだから、自分自身が好きではない。自分で自分を嫌いな人は不安感がある。

苦しみの本当の原因を間違えて、頑張って悲劇の人生を送る人も多い。

それがお金持ちの自殺であり、エリートの自殺である。そこまでいかなくても多くの人が頑張って努力して経済的・社会的に恵まれていながら、どんどん不幸になっていく。

本当にその人が苦しんでいるのは、現実の苦しみが原因ではなく心の苦しみが原因なのに、現実の苦しみを解決しようと頑張ったからである。

現実の苦しみを改善する努力で、心の病はどんどんひどくなる。幸せになろうとして頑張っているのに、どんどん不幸になる。先に書いたように努力が裏目に出る。

意識と無意識が乖離したままでどんなに頑張っても、幸せにはなれない。

車を運転していて前に進もうとしているのに、ギアをバックに入れて必死になってアクセルを踏んでいるようなものである。

ある失恋した女性である。尽くした男から捨てられるばかりではなく、最後には周囲の人はやつれた彼女から離れていく。

頑張っても、頑張っても事態が悪化していくとすれば、多くの場合、それは「あなたの心の底にはものすごい憎しみがあります」というメッセージである。

努力することではなく、努力の方向を変えることである。つまりアクセルを踏むことではなく、ギアを入れ替えることである。

繰り返しになるが、不安と向上心とは違う。神経症的欲張りは不安なのである。努力していてもそれは向上心からの努力ではない。不安を動機とした努力である。したがって努力すれば努力するほどますます不安になる。

これは今述べたように、現実の苦しみを脱却しようとする努力が、かえってその人を窮地に追い込んでしまうということである。

それは、その人が自分の苦しみの原因を間違えたからである。

カレン・ホーナイは「神経症的苦しみ」という言葉を使っている。神経症的苦しみは経済的困難など現実の困難とは別の苦しみである。

神経症的苦しみとは、苦しめば苦しむほど、弱くなる。

現実の苦しみとは、苦しめば苦しむほど、強くなる。鍛えられる。

人は、長いこと神経症的苦しみを苦しみ、どんどん弱い人になる。

「これだけ苦しんだから、もう怖いものなどない」と言えるかというと逆なのである。

いよいよ生きることが恐くなる。いよいよ心の動揺は激しくなる。

「これだけ苦しんだから、もう神様は許してくれるだろう」と思うと逆なのである。だからこそ苦しみ抜いて最後はうつ病になったり、自殺したりする人まで出てくるのである。

ベラン・ウルフの言うように、不幸は複利で増えていく。それは神経症的苦しみについても言い得ることである。

本当の幸福論

幸福論の決定的間違いは、「あの人は、これだけ恵まれているのだから幸せだ」と思うことである。

人が幸せか不幸せかは、眼に見えるものでは決められない。だから何度も言うように、巨万の富を持ちながら自殺する人がいるのである。

旧約聖書の物語から現代のうつ病問題まで、人々にとって何が不満かは、眼に見えることで恵まれているか恵まれていないかではない。

生存の問題は政治の役割であるが、実存の問題は政治の直接の役割ではない。ある総理が「最小不幸社会」という言葉を使ったが、「最小不幸社会」などという考えは、政治について最も誤った考え方である。

政治は現実の苦しみに直接影響するが、心の苦しみには直接には影響しない。

豊かになったからといって、ナルシシズムがなくなるわけではない。豊かになったからといって、無力と依存性という人間の宿命は変わらない。

悩みは、経済的豊かさとは関係ない。

幸福について決定的な錯覚は、幸福は現実の苦しみが少ないことと思ったことである。

神経症者は現実の苦しみがないのに、生きるのが苦しい人である。

現実の苦しみと心の苦しみは直接にはまったく関係ない。

決定的な誤りは、現実の苦しみを減らすことが幸福につながるという考え方である。

現実に起きている問題はたいしたことでないのに、大騒ぎして「苦しい、苦しい」と訴える人もいる。

心の中の苦しみが、外で起きていることを通して表れてくる。

それは起きていることそのことが問題なのではなく、「苦しい！」と訴えている人の心の中の苦しさが問題なのである。

「現実の苦しみ（= suffering）とその個人の実際の不幸（= realistic unhappiness）や制限（= limitations）に対する態度とは大きな違いがある」とはカレン・ホーナイの言葉である。(9)

人が最も怖れているのは「孤立と追放」であるとフロムは言う。人を根源的に動かしているのは性の衝動だとフロイトは言う。またアドラーは劣等感だと言う。今これらの人の考えの詳しいことには立ち入らない。

誰が正しいにしろ、人を根源的に動かしているのは「幸せになりたいという願望」ではない。

もし人を根源的に動かしているのが「幸せになりたいという願望」であるのであれば、

ほとんどの人は幸せになれる。悩みはほとんど解決している。人生にそれほど大きな問題はない。

しかし人を根源的に動かしているのは「幸せになりたいという願望」ではない。「孤立と追放」か、性の衝動か、劣等感かは別にして、「幸せになりたいという願望」ではない。

おそらく人を根源的に動かしているのは「孤立と追放」からくる恐怖感である。この恐怖感で人は生き方を間違える。そうして幸せにはなれない。

しかも人はこの恐怖感の存在に気がついていない。さらにその恐ろしさと根深さに気がついていない。

おわりに

一般に、安全を感じる子どものみが、健全に成長へと進む。満たされないと常に背後から満たされることを要求し続ける。

しかし自分には安全を感じる子供時代がなかった。健全に成長へと進む機会を奪われて大人になり、青年期、壮年期を過ぎて今、高齢になった。

ここで「私は不幸の星の下に生まれた」と世を恨んで、死んでいくか、「私は自分の人生を、偉大な芸術作品に仕上げる」と意志するかである。

「私の偉大さは誰もわかってくれない、それでもいい、私は偉大な人生をつくり上げる」と決意するかである。

最も偉大な芸術作品はその人の人生である。

ゴッホの作品も、ゲーテの作品も、ベートーヴェンの作品も偉大である。しかし偉大なのは、そうした芸術作品や、リンカーンのように奴隷解放をした政治的業績ばかりではない。

最も偉大な作品はその人の人生である。その人の生き様である。

私は、最も偉大な人の一人としてリンカーンを挙げる。それは彼の政治的業績そのものではない。深刻なうつ病に悩まされながらも、そこから立ち上がって人類の幸せに貢献したからである。

彼は深刻なうつ病の中で無意味感に悩まされながらも、死への誘惑と戦いながらも、最後は人生の意味を感じるまでに立ち上がった。その生き様こそ最高の芸術作品である。「それでも幸福な人」の典型的な例である。

リンカーンというと何か歴史上の人物で、自分とは別の世界の人と思いがちである。つまり自分が生き方を学ぶべき人ではないと思ってしまう。

しかし決してそんなことはない。

これからリンカーンと聞いたら、歴史上の偉人と思うのではなく、自分が会社に入ったときに、うつ病になっていつも会社を休んでいた「あの人」というくらいに思ってもらえればよい。

慢性的うつ病に苦しんだリンカーンは言った。

「ほとんどの人は自分が幸せになろうと決心するだけで幸せになれる」

若い頃、彼の友人はナイフやカミソリを彼の手のとどくところに置かないほうがいいと考えた。自殺するかもしれないと思ったからである。

その当時リンカーンは「私は最もみじめな生き物」と書いていた。

それは三十二歳頃のことである。その後の彼の人生は失敗の連続である。成功の連続ではない。とにかくここまで失敗するかと思うほど失敗した。

しかし五十四歳のとき、リンカーンはなんと言ったか。「ほとんどの人は幸せになろうと決心するだけで幸せになれる」と言った。

「私は最もみじめな生き物」と言った彼が、幸せになろうと決心すれば幸せになれると言ったのである。

憂うつに苦しむ人は彼の写真を胸に抱いて生きるがいい。

安全を感じる子どものみが、健全に成長へと進むというのも真実であろうが、同時に「私は最もみじめな生き物」と思った人が、人生の意味を感じたのも真実である。

うつ病は高齢者のほうがより慢性的になる。しかし慢性的なうつ病者が、人類の歴史に新しいページを開いたゲティスバーグの名演説をしたというのも真実なのである。

私に言わせれば、「私は最もみじめな生き物」と自らを信じて、うつ病に苦しんでいたからこそ、リンカーンは、あの名演説をし、人類に新しい世界を切り開いた。

彼が安全を感じる子どもで、健全に成長へと進むことのできた環境で成長していたなら、どうなったか。彼は人類に新しい世界を切り開けなかった。

私は、ハーバード大学のワイドナー記念図書館というところで、リンカーンの研究書に囲まれた中で、その蔵書の多さに圧倒された。

とてもすべてを読む時間などあり得ない。その多くは政治的業績の研究であった気がする。しかし私は、リンカーンは後生の私たちに「人間の心の力を信じなさい」と言っていたのではないかと蔵書に埋もれて思った。

幸せになれない人は、本当は幸せになりたいと本気で思っていない。無意識では「悩んでいるほうがラクだ」と思っている。カレン・ホーナイが言うように悩んでいる人は悩んでいることが最大の救いなのである。

リンカーンの法律のパートナーであるスチュアートは、自分がインタビューをしたイリノイでリンカーンの知り合いのすべての人たちが彼のメランコリー的傾向を述べていたと言う。メランコリー以上に彼のパーソナリティーを特徴づけるものはないと言う。

リンカーンの母親は早く死んだが、父親は、感情的には死んでいた。親との関係は例外的に薄かった。それでも幸福な人であった。リンカーンを知っても、あなたは「それでも不幸な人」と言うか。

加藤諦三

【参考文献】

はじめに

（1）Herbert N. Casson, Thirteen Tips on Luck（B.C. Forbes Publishing Co., N.Y., 1929）

第1章

（1）Karen Horney, Neurosis and Human Growth（W.W.NORTON & COMPANY, 1950, p.38）

（2）Martin Seligman, Helplessness（W.H. Freeman and Company, 1975）〈『うつ病の行動学』平井　久・木村駿監訳／誠信書房／1985年／62頁〉

（3）前掲書／94頁

（4）P.98 Not infrequently. P.99 severely depressed

第2章

（1）Béran Wolfe, How to Be Happy Though Human（Farrar & Rinehart Incorporated, 1931）〈『どうしたら幸福になれるか〈下巻〉』周郷　博訳／岩波書店／1961年／110頁〉

（2）前掲書／112頁

（３）Karen Horney, Neurosis and Human Growth（W.W.NORTON & COMPANY, 1950, p.59）

（４）Dr. Herbert J. Freudenberger, Ph.D., Burn Out（Bantam Books, 1980）〈『バーン・アウト・シンドローム』川勝久訳／三笠書房／１９８１年／２４４頁〉

（５）Psychoanalysis and Psychotherapy, Selected Papers of Frieda Fromm-Reichmann, edited by Dexter M. Bullard（The University of Chicago Press, 1959, p.248）

第3章

（１）Erich Fromm, Man for Himself（Fawcett World Library, Inc., 1967）〈『人間における自由』谷口隆之助・早坂泰次郎訳／創元新社／１９５５年／２６２頁〉

（２）Karen Horney, Neurosis and Human Growth（W.W.NORTON & COMPANY, 1950, p.75）

（３）週刊文春／平成12年5月18日号

（４）Karen Horney, Neurosis and Human Growth（W.W.NORTON & COMPANY, 1950, p.58）

（５）Psychoanalysis and Psychotherapy, Selected Papers of Frieda Fromm-Reichmann, edited by Dexter M. Bullard（The University of Chicago Press, 1959, p.292）

（６）George Weinberg, The Pliant Animal（St. Martin's Press Inc., New York）〈『プライアント・アニマル』加藤諦三訳

／三笠書房／１９８１年／１０２頁〉
（７）Psychoanalysis and Psychotherapy, Selected Papers of Frieda Fromm-Reichmann, edited by Dexter M. Bullard
（The University of Chicago Press, 1959, p.293）
（８）Daniel Goleman, Emotional Intelligence（Bantam Books, 1995, p.204）
（９）『アル中家庭と子供たち』（安田美弥子／太陽出版／１９９４年／45頁）

第４章

（１）Lawrence A. Pervin, Personality（John Wiley & Sons, Inc., 1970）
（２）Erich Fromm, The Heart Of Man（Harper & Row, Publishers, New York, 1964）〈『悪について』鈴木重吉訳／紀伊国屋書店／１９６５年／１２７頁〉
（３）Aaron T. Beck, Depression（University of Pennsylvania Press, 1967, p.81）
（４）ibid, p.86
（５）Norman E. Rosenthal, M.D., The Emotional Revolution（CITADEL PRESS, Kensington Publishing Corp., 2002）
（６）Aaron T. Beck, Depression（University of Pennsylvania Press, 1967,p.234）
（７）Martin Seligman, Helplessness（W.H. Freeman and Company, 1975）〈『うつ病の行動学』平井 久・木村駿監訳／

誠信書房／１９８５年／95頁〉

（８）前掲書／83頁

（９）Karen Horney, The Unknown Karen Horney (edited with Introductions by Bernard J. Paris, Yale University Press, 2000, p.320)

それでも幸《しあわ》せな人《ひと》、不幸《ふこう》な人《ひと》

著　者――加藤諦三（かとう・たいぞう）

発行者――押鐘太陽

発行所――株式会社三笠書房

〒102-0072 東京都千代田区飯田橋3-3-1
電話：(03)5226-5734（営業部）
　　：(03)5226-5731（編集部）
https://www.mikasashobo.co.jp

印　刷――誠宏印刷

製　本――若林製本工場

ISBN978-4-8379-4010-4 C0030

あなたは、あなたなりに生きれば良い。

◆自分の無意識に気づき、それを認めれば、道は拓ける

なぜか、生きづらい――。頑張るのにちょっと疲れてしまったあなたへ。

◇気を使いすぎて疲れる　◇他人の何気ないひと言が気にかかる　◇少しの失敗でも立ち直るのに時間がかかる……etc.　「他人」にも「自分の感情」にも、もう、振り回されない！　自己肯定感を高める12のヒント。

感情を出したほうが好かれる

◆あなたの弱点を隠すな

知的生きかた文庫

人は、弱点を隠そうとしない人を好きになる！

好かれるための努力で嫌われる人は多い。なぜ相手の気持ちにばかり気をとられて自分らしく生きられないのか。「こうあるべき自分」は今すぐ捨てたほうがいい。そんな努力はムダである。もっと自信をもって「自分の人生」を生きたいと望む人に贈る本。

「自分の心」をしっかり守る方法

◆「くやしさ」「悩み」「モヤモヤ」が消えていく

知的生きかた文庫

「傷つきやすい生き方」と訣別する！

大声でごねる「自分勝手な人」、人を思いどおりに利用する「傲慢な人」、無遠慮な言葉で相手を傷つける「失礼な人」……彼ら／彼女らにどう反撃すればいいのか――？　繊細な心の中に、強く、しなやかでぶれない「自己肯定感」を高める方法！

T30408